現代日本の地域格差

2010年・全国の市町村の経済的・社会的ちらばり

蓮見音彦

東信堂

はしがき

　しばらく前までわが国では、「中流社会」といわれて国民の大多数が自分は中流と思い込んでいたり、貧富の差の少ない平等な社会だと思われていた。しかし、今日、その様相は大きく変わってしまっている。さまざまな不平等が顕在化し、貧困層の広い存在が指摘され、さまざまな社会問題を引き起こすにいたっている。それを反映して、貧困、格差、不平等などの現状を告発する書物が、専門書にも、一般読者向けにも、数多く出版され、多くの知見を提供している。例えば、橘木俊昭『21世紀日本の格差』（岩波書店 2016年）は、「日本は主要先進国の中では際立って高い貧困率であり、『貧困大国』と称してよいほどである。」(124頁) と述べ、「日本がすでに所得や資産の分配において、格差社会に入ったことは、多くの論者に指摘されてきた。……現在もっとも格差の大きい国はアメリカであり、ついでイギリスであるが、日本も英米ほどではないものの、大陸ヨーロッパ諸国より格差の大きい国になっている。」(117頁) と指摘し、貧困者、男女間格差、正規・非正規労働者の格差、子どもと教育の不平等、高齢者の貧困、健康格差などの多様な格差について検討を加えている。

　橘木の書物は、このように広く今日の格差問題を論じているのではあるが、そこで検討の対象となっているのは、一人ひとりの生活にかかわる貧困や格差の問題であり、いわば個人レベルの格差問題である。それに対して本書が取り上げるのは、今日の日本の地域格差であり、地域というレベルで生じている格差を明らかにしようとするものである。地方都市の寂れた町並みを歩き、東京の盛り場の雑踏を思い浮かべるだけでも、大きな落差が今後どう

なっていくのか考え込まないではいられないであろう。地域格差の是正というスローガンは、すでに数十年以前から繰り返し提起されてきたところであるが、一向に是正の効果が現れることなしに、ますます深刻な格差をもたらしている。しかし、今日の地域格差とその今後の推移を考えるには、漠然とした印象にとどまらずに、今日の地域格差の実態について、出来る限り広く正確に把握する必要がある。

　本書は、序に述べておいたところであるが、2011年3月11日の東日本大震災とその後の復興過程を経てもたらされた日本社会の変貌をとらえるための前提となる作業として、災害の前夜となった2010年の状況を把握するという趣旨をもつものであるが、そうした趣旨を離れて、この時点での日本社会の現状分析としても意味のあるものと思われる。本書の前半では、2010年時点で行なわれた統計調査の結果などを整理して、全国の市町村の間に見られる多様な格差を描こうとした。多くの指標から地域間に大きな格差が生じ、さらにその深刻化が懸念されることが浮かび上がったと思われる。それに続く本書の後半では、現代日本社会の歴史的位置付けを検討し、過度に発達し、いささかコントロール不能に陥って大きな転換が求められる状況にある資本主義の下での、現代日本社会ないしは現代先進社会の現状と展望を考えるための覚書的なノートをまとめてある。

　いずれも、技術的にも、また力量からも、問題点を含んでおり、不完全なものではあるが、深刻な格差を生み出す日本社会の現状を検討し、その今後の推移を予測し、地域格差を含めて今後の日本社会がどのように展開していくのかを考える何らかの契機になれば幸いである。

　ところで、このように現代日本社会の全体像に取り組もうとする試みは、最近のわが国の社会学の研究動向からすれば、異様な感じがあるのではないかと思われる。最近の社会学研究の多くは、調査研究や数量分析を基調とするためか、細分化された断片的な問題の解明に集中して、全体としてきわめて分散化された研究が中心となっているように見える。それぞれの価値は評価されるべきではあるが、時には大きな図式を考察し、それぞれの研究がより大きな図式の中にどのように位置づけられるのか、一考されてもよいよう

に思われる。

　若かった頃のように調査研究に飛び回ることができなくなり、仲間もそれぞれに歳をとって疎遠になり、次々に先輩・同輩・後輩の訃報を聞くようになり、人生のたそがれを迎えると、日本社会の現状にも、また社会学研究の状況にも、不満・不安が募り、無力感・焦燥感が強まる。農村社会学や地域社会学に取り組んできた筆者にとっては、本書は大きな挑戦であり、不備なものとならざるを得ないのではあるが、老人の焦燥感の表現としてお許しいただきたい。

現代日本の地域格差
― 2010年・全国の市町村の経済的・社会的ちらばり ―

目　次

〈目　次〉

はしがき …………………………………………………………………… i

序　本書の意図と構成 …………………………………………………… 3
  1　地域格差の検討 …………………………………………………… 3
  2　本書の方法 ………………………………………………………… 5
  3　本書の構成 ………………………………………………………… 9
  4　背　景 ……………………………………………………………… 11

第1部　現代日本の地域格差 …………………………………………… 13
  1　はじめに …………………………………………………………… 13
  2　分析の方法 ………………………………………………………… 16
  3　分析対象としての市町村 ………………………………………… 20
  4　人口の変化 ………………………………………………………… 23
  5　少子化と高齢化 …………………………………………………… 34
  6　世帯と家族 ………………………………………………………… 38
  7　産業別人口構成 …………………………………………………… 43
  8　製造業と商業 ……………………………………………………… 48
  9　農業の変化 ………………………………………………………… 58
  10　生活環境──医療と教育 ………………………………………… 67
  11　住民の所得と格差 ………………………………………………… 77
  12　市町村の財政 ……………………………………………………… 80
  13　統合的市町村像の素描 …………………………………………… 97
  14　悲しいエピローグ──東日本大震災と原発事故 ……………… 110

第2部　現代日本社会論ノート ………………………………………… 114
  1　高度にあるいは過度に発達した資本主義 ……………………… 114
      高度に発達した資本主義 ……………………………………… 114
      国家独占資本主義とその特質 ………………………………… 116

  社会主義の解体 …………………………………………… 120
  資本主義の社会主義化 …………………………………… 121
  グローバリゼーションにともなう資本主義の変容 …… 123
  過度に発達した資本主義 ………………………………… 126
  変化の兆し ………………………………………………… 129
 2 「豊かな社会」における集団の劣化 ………………………… 130
  家事労働の外部化と家族の変容 ………………………… 131
  老親介護と多様化する家族 ……………………………… 134
  村落の変化 ………………………………………………… 136
 3 繁栄と格差の拡大 ……………………………………………… 139
  拡大する地域格差 ………………………………………… 139
  低迷する消費生活 ………………………………………… 140
  資本蓄積と労働者生活の圧迫 …………………………… 141
  貧しい教育環境 …………………………………………… 143
 4 情報化社会における集団の変貌 …………………………… 144
  新たなネットワークの展開と問題 ……………………… 146
 5 転換期と展望 …………………………………………………… 148
  新しい社会主義と協同組合 ……………………………… 149

附表 総合点による10分位別市町村一覧 ………………………… 152

あとがき ……………………………………………………………… 161

現代日本の地域格差
―― 2010年・全国の市町村の経済的・社会的ちらばり ――

序　本書の意図と構成

1　地域格差の検討

　2014年12月に邦訳が出版されたトマ・ピケティの『21世紀の資本』は、700頁を超える大冊の経済学の専門書にもかかわらず、書店に平積みで置かれて、異例ともいえる売れ行きを示した。解説本もいくつも出版され、15年早春に著者ピケティが来日した際には、大学などでの講演のほかに、いくつものマスコミにも登場してその著書の内容を語った。人気作家のような扱われ方でもあったが、彼の主張が多数の関心を集めたことは間違いない。

　この書の内容をここで紹介することは不必要なことであるが、この書物が歴史的な経済統計を分析することを通じて、先進諸国の資本主義の下では、戦時体制などの特殊な時期を除いて、貧富の格差が常に拡大してきたことを示し、経済成長によって労働者の賃金が上昇しても、それ以上に富裕層の資産の膨張のほうが大きくなることを指摘するなど、資本主義の下での貧富の格差についてきわめてわかりやすい説明がされていたことは、指摘しておけるであろう。この書物が広く関心を引いたのは、今日の経済・社会において、さまざまな分野、さまざまな形の格差が拡大してきており、人々の生活に深刻な影響をもたらしていること、さらに、経済成長の結果ますます格差が拡大していくことを考えるとき、資本主義そのものに漠然とした疑問を感じることが多くなっていることなどのためと指摘できるように思われる。ピケティ現象ともいうべき事態は、こうした関心や懸念が経済学の専門家にとどまらず、広く人々の間に広がっていることを示しているのである。

　今日さまざまな形で格差が広がっていることは広く指摘されているが、最

も基本をなし、人々の関心も集中するのは、人々の間の所得格差である。非正規雇用の拡大・派遣社員の増加等を背景に、年収200万円未満層が大きな比重を占めている一方で、某自動車メーカーの社長に代表されるような億単位の年収を得るものも存在する。低所得層の代名詞ともいうべき生活保護受給者が増大する一方で、超高給の経営者の増加も指摘される。収入の格差は、当然消費生活の差異に直結する。居住環境の格差、生活様式や余暇等の格差、子弟の教育格差、等々、さまざまな領域の格差が、所得格差とかかわりながら形成され、増幅されていく。

ところで、この書で取り上げるのは主として地域格差である。地域格差は、基本的には産業間の不均等発展を原因とし、それぞれの地域の産業構造に基づいて形成され展開するものと考えられる。主として成長分野の産業の立地している地域では、地域の産業の好況に支えられて住民の所得も高まり、購買力も旺盛になることから商業やサービス業等も活気をおび、地域の自治体の財政も潤うことから公共施設や公共サービスも整い、これらが誘引となって人口の流入により人口増加が見られるようになる。これに対して衰退産業に依拠している地域では、こうした好条件に恵まれにくく、商店街にはシャッターを下ろした店が並び、地域は沈滞したムードに包まれることになる。

これら地域格差を形成する諸条件は、相互に関連して展開されるものであるが、それらを固定的に位置づけるのは適切ではない。産業基盤に基づく格差を基本としながらも、それぞれの地域はその自然的条件や地理的な位置、歴史的経緯をはじめ、住民の意識や関心にいたるまでの多様な要因によって、複雑な様相を見せている。地域の様相は、さまざまな形でとらえられる。人口の増減、若年人口の流出入状況、高齢者人口の動向、産業別人口構成、地域産業の動向、住民の所得構成、生活環境施設の整備、地方自治体の運営や財政、など、多くの切り口から地域間格差とその推移をとらえることができる。それらは必ずしもパラレルに結びつくものではないが、それらの間に一定の関連を見出すこともできるのではないかと思われる。地域格差とは、一面ではこれらそれぞれの切り口によって示された断面における地域間の格差

である。たとえば、一定期間における人口の増加した地域と減少した地域に着目してその推移を明らかにすれば、人口増減に関する地域格差が明らかになる。このような個々の要因ごとにさまざまな地域格差の様相を描き出すことができ、それはまさに地域格差であるといってよいであろう。しかし、地域格差というとき、もう一つには、こうした個別的要因における格差だけでなく、それらを総括した多様な要因を含めた総体的地域格差とでもいうものを想定していることもあると思われる。「この町は良い町だ」とか「この町は寂れている」とかいうわれわれの感覚は、ある種の地域格差を表現したものであるが、これらの場合には、個別の要因よりもむしろ総体的な漠然とした雰囲気を意味しているというべきであろう。このように見るならば、地域格差という言葉にはいろいろな意味があり、かなり手間をかけて分析しなければならないものであることが浮かび上がってくる。

この書では、今日のわが国の経済・社会における地域格差を具体的に明らかにするために、主として2010年度に実施された国の統計調査を利用して、全国の市町村単位の数値を整理し、分析している。地域格差は経済の高度成長の過程で拡大してきた。政府は格差の是正を掲げた政策を続けてきてはいるが、必ずしも成果は上がっていない。むしろ今日地方の疲弊はきわめて深刻なものとなり、東京などの一部の地域への集中は一層顕著になっている。こうした状況において、わが国の地域格差の具体的な様相を明らかにすることは、重要な課題であるといってよいであろう。

この書では、こうした地域格差の具体的分析に続いて、このような格差を生み出しながら展開している日本社会の全体像についてのきわめて大まかな見取り図を示すこととした。地域格差の背景を考える一つの素材という意味をこめたものである。

2　本書の方法

筆者はこれまで主に農村社会学および地域社会学の分野で、農村や都市の事例的な調査研究を中心に日本社会について考察してきた。単行本として調

査結果をまとめたもの、調査報告論文として発表したもの、聞き取りや資料収集のみにとどまったもの、など少なからぬ成果をあげた。調査研究の結果はすべて報告にまとめたわけではないが、多くの知識を得、考える素材を与えられ、それらに基づいて調査報告以外の一般化された論議を中心とする論文の内実を生むことができた。ある程度の期間滞在した地域、あるいは繰り返し訪れた地域もあれば、ごく短時間の見聞にとどまった地域もあるが、訪れた地域はかなりの数にのぼり、全国各地に広がった。それぞれの地域での見聞は、それ自体多くの興味深い内容を含んでおり、それらを報告書にまとめることが直接的な目的ではあったが、それにとどまらず常に課題となっていたのは、特定の地域の見聞を手がかりにして、日本の農村あるいは都市の歴史的展開、現状、課題、現状からの改善の方向などの、一般的な全体像を遠望しようとすることであった。そうした過程で、仲間と言い交わしていたのは、「地域を介して日本資本主義を見る」という大仰な言い方であった。

　もちろん、それぞれの地域は、それぞれに個性的であり、独特の地理的条件に置かれ、固有の歴史的背景を持ち、個性あふれる住民が活躍して、独特なあり方を示していた。しかし、どの都市も、どの僻村も、いずれも日本社会を構成する一つの地域であり、そこには必ず日本社会の全体的な成り行きや特質が、潜在している。それだけに事例として取り上げた地域の見聞を踏まえながら、日本の農村や都市の一般的な姿を描くときには、事例をどのように活用して一般的な議論に結び付けていくのかについて、腐心せざるを得なかった。一般的な姿をそのまま体現する代表的事例などというものは存在しない。偏っているというか、個性的であるというかはともかく、個々の地域はそれぞれに異なった意味で全体の一部を形成しているに過ぎない。

　そこで、個別の事例を頭に置きながら一般化を考えようとするとき、取り上げた事例の位置づけを考え、一般的な姿との架橋を図るために、活用されたのは全国的な統計調査の結果であった。もっとも個々の調査報告書の中に、全国的な統計調査との関連がふれられることは多くはなかったし、一般化された論議に際して事例調査の見聞と全国的な統計調査がどのように挙証されるのかを記述することも少なかったと思われるが、事例調査の見聞と統計調

査の結果とは、地域の実態調査の際にもまた一般的な論議をまとめるときにも、常に車の両輪のように念頭にあったものであった。

　しかし、農村社会学や地域社会学の研究において、その魅力は、事例的な調査に基づく知見に負うところが大きく、全国的な統計調査は、あくまで付随的に扱われてきたのであった。ほとんど統計調査の結果に基づいて、日本農村や都市の一般的な展開をたどる場合でも、統計数字の解釈には、事例調査の知見が生かされており、そこに社会学的研究としての魅力あるいは特質が示されていた。

　それに対して、本書はもっぱら全国的な統計調査の結果によって、日本社会の現状を見ようとする試みである。それは一つには、取り上げる対象が日本社会の全体であって、事例調査になじまないことによるものである。もちろん暗黙のうちには、さまざまな機会の経験や見聞が統計数字の解釈に結びついているけれども、本書のまとめのために特に意識的に事例調査を試みたわけではない。しかし、それ以上にこうした試みを導いたのは、事例調査を含めた社会調査を取り巻く条件の変化である。われわれが調査研究に取り組み始めたころは、世の中はきわめて鷹揚で、事例調査を含めて学術的な社会調査に対して協力的であった。インタビューにも開放的に対応してもらえたし、公的・私的な文書資料についても、好意的に提供され、かなり突っ込んだ調査研究を円滑に行うことができた。しかし、近年は状況が大きく変化した。プライバシーの尊重は重要なことである反面、調査研究には大きな制約となった。公的文書資料の閲覧は一般に公表されているもの以上には及びにくくなった。個別訪問してインタビューを行うことも容易でなくなった。今日では新聞社や放送局などが行う世論調査でも、60％程度の回答率のものが堂々と示されるようになった。かつての社会調査のテキストには、残りの30％が異なった回答をした場合には結果が大きく異なる危険があるから、この程度の回答率では調査は失敗に終わったものとされていたのであるが、今日ではこれでやむを得ないとされるようになった。学術的調査の精度がいちじるしく劣化せざるを得ない状況になってしまっている。これは、しかし、社会の進歩の結果であり、嘆くべきことではなく、こうした状況に対応した

研究方法の工夫こそが求められるべきものである。本書が、もっぱら全国的な統計調査の結果によって日本社会の現状分析を試みようとしたことは、その工夫の一つとしてである。

　本書で参照したのは、国勢調査や農業センサスなどをはじめ国ないしそれに準じるさまざまな機関が実施し公表した統計調査である。これらの統計調査は、「官庁統計」というどちらかといえばネガティヴなニュアンスを含んだ呼び方をされてきた。それは、国の行う統計調査は、それぞれの行政上の目的を持って行われるものであって、学術的な関心に必ずしもこたえるものではない。そして国が行う調査である以上、国にとって都合の悪い情報は調査されなかったり、結果の公表がされなかったりするのではないかと思われること、などがネガティヴなニュアンスに含まれる疑いであった。しかし、たとえいくつかの点で不満があるにしても、全国規模で調査が行われ、多くは数年毎に繰り返して調査が行われており、最も信頼の置ける貴重なものであることには間違いない。それにもかかわらず、これらの統計調査は、行政上の利用はともかくとして、学術研究に活用されているかといえば、必ずしも十分に活用されているようには思われない。その理由の一つは、これらの統計調査の結果は、それぞれ定められた様式で公表される結果のみが利用でき、それ以上の活用はできないことにあるといってよいであろう。もし、公表数値以上に特別な集計等が可能になれば、もっと多くの知見が得られ、より多くの活用が見られるようになるであろう。

　学術研究に利用される場合、社会学や経済学などの多くは、全国的な統計調査の日本全体の集計か、せいぜい地方別あるいは都道府県別の集計が利用されることになる。公表される結果がその範囲にとどまっている統計も少なくない。しかし、国勢調査や農業センサスの場合には、都道府県ごとに「〇〇県統計書」という冊子が作られて、その中には市町村単位の集計結果も示されている。このほかにも市町村別の数値が公表されている統計も少なくない。しかしながら、これら市町村別の統計結果を活用した学術的な研究は多いとはいえない。これらの冊子は、それぞれの自治体等の行政資料として主に活用されているものと思われるが、より一層の活用が工夫されてよいので

序　本書の意図と構成　9

はないかと思われる。本書で主に利用したのは、この市町村単位の集計結果である。すなわち、市町村単位の集計結果を活用することによって、今日の日本社会に見られる地域格差や地域問題を明らかにしようとするのが、本書の大きな狙いである。

3　本書の構成

　本書は、第1部と第2部の2編から構成されている。分量からいっても、このうち第1部が主な内容であることはいうまでもない。

　第1部は、主に2010年に実施された国勢調査・農業センサス等の市町村別集計結果、2010年度の各市町村の決算報告書の集計、それにいくつかの統計の市町村単位の数値を、市町村ごとに統合し、それらの分布と相互の関連をとらえようとしたものである。さらに、いくつかの項目については2005年に実施された統計調査の市町村単位の集計結果を参照し、この間の変化をたどることとした。

　筆者は先に『現代日本の地域分化 ── センサス等の市町村別集計に見る地域変動のダイナミックス』(2012年7月、東信堂) をまとめたが、これは、2005年に実施された統計調査の結果と1980年に行われた統計調査の結果との対比に基づく分析であった。もともとこの研究はこれだけで完結するものであったが、分析結果を脱稿した後に東日本大震災が発生した。そこで「はしがき」として次のような文章を書き加えた。

　　地震と津波の規模と被害のあまりの大きさと原子力発電所の事故による深刻な放射能汚染という未曾有の事態に、……学問研究においても、さまざまな領域で、従来の視点の見直しが必要とされ、3.11以後の視点に立った研究が要請されることとなった。そうした要請は、本書の場合も無縁のことというわけにはいかない。……これから新たな研究プロジェクトを構想し、本書をそのための基礎づくりあるいは準備作業として位置づけることで責めを果たそうと考えることとした。

今回の大災害がどれだけの被害をもたらしたのか、そしてそこからの復興・再生がどのように進むのか、そうした課題がすぐに思い浮かぶところであり、さらにとりわけ原発事故をうけた今後のエネルギー政策を契機の一つとして、これまでのわが国の歩みを広く見直して、新たな軌道を目指すべきであるといわれているだけに、今後の日本の地域変動がどのように進んでいくのかを注視していく必要がある。
　こうした課題に取り組む場合に、いくつかの事例を取り上げた詳細な調査研究が貴重であることは当然であるが、災害の直接的・間接的な影響がきわめて広範囲に及んでおり、新たな軌道での再生は日本社会全体にかかわる問題であることなどを考えるならば、本書のような全国的な統計資料に基づく地域的な分析の有効性もまた十分に考慮しうるところであろう。本書を前提とするならば、国勢調査などを手がかりにすることとなり、大震災の前年2010年に行われた国勢調査の結果を出発点とし、次回2015年に行われるであろう調査によって、それまでの復興・再生を含む変化を明らかにするということが、まずは想定される常識的な取り組みであろう。

　この趣旨にしたがえば、本書での2010年の調査に基づく分析は、それ自体この時期における日本社会の地域的な分化の状況を示す報告であると同時に、東日本大震災の直前の状況を示すものとして、今後2015年の調査に基づいて行うものと構想されている大震災からの復興・再生の状況をとらえる分析の前提という意味をもつものとなる。
　これに対して第2部は、現代日本社会についての大まかな素描を試みたものである。現代日本社会の現状分析をその総体にわたって展開するには、多くの資料を集積し、広い視点から取り組まなければならない。ここにまとめたものは、将来そうした本格的な現代日本社会の現状分析をまとめるための、一つの準備作業として、おぼろげな枠組みを示そうとしたものである。ここでもいくつかの統計数値を参照しているが、そのほとんどは、国の統計調査の結果を利用したものであり、しかも統計調査の結果を抄録してとりまとめ

られた簡単な解説本によっている。本格的な現状分析の場合には、これらの数値もあらためて確認する必要があるが、ここでは大まかな素描ということでこうしたことで済ませている。開き直ったいい方をすれば、こうした官製の解説本によってもこの程度のことは取り出せるということである。

この第1部と第2部とを通じて、日本社会の現状とその地域格差のあり方について、国の統計調査の結果などを手がかりにして検討した結果を明らかにした。それはまた、今後の調査に基づく分析の前提でもある。

4　背　景

本書で取り上げたのは、2010年の統計調査の結果を中心に2005年との対比を加えた分析である。以下その結果について見て行くわけであるが、その前提として、この2005年から2010年という時期がどのような時期であったのかということを振り返っておく必要があろう。

2005年は、参議院で郵政民営化法案が否決されたのに対して小泉首相が衆議院を解散し、いわゆる郵政選挙が行われて自民党が大勝した年であった。その後第3次小泉内閣が発足したが、翌06年第1次安倍内閣が誕生する。この内閣は翌07年に安倍の病気のために福田内閣に交代する。さらに翌08年には福田が退陣して麻生内閣が生まれる。しかし、翌09年に行われた衆議院選挙で民主党が大勝し、歴史的な政権交代が実現し、鳩山内閣が誕生する。ところが、翌2010年には普天間基地問題や政治と金をめぐる自身と小沢に絡む問題などで辞任し、菅内閣が誕生する。この時期は毎年のように首相が交代する混乱した時期であり、また政権交代の行われた時期として、きわめて特異な時期であったということができよう。一方、こうした中、08年にはアメリカ大統領選挙でオバマが当選し、05年にはドイツでメルケルが初めての女性首相となっている。

この間、07年にはアメリカで低信用住宅融資にからむ金融不安が起こり、世界同時株安を引き起こした。さらに08年には、アメリカの証券会社リーマン・ブラザースが経営破綻に陥り、いわゆるリーマン・ショックが起こる。

経済的にも不況が続き、混乱した時期であった。この08年には、日比谷公園に年越し派遣村が開設されたが、わが国の貧困の問題が重要な課題となった。

　04年に新潟県の中越地震が起こったのに続いて、07年には中越沖地震が起こった。05年には京都議定書が発効したが、06年には豪雪で被害が生じ、10年には猛暑が起きるなど、異常気象が頻発するようになった。社会福祉関係でもいろいろと問題が起き、07年には、公的年金記録の不備が発覚して、大きな問題となり、翌年には後期高齢者医療制度が発足したが、後期高齢者を別扱いすることや後期高齢者という名称などに批判が生じた。

　2005年から2010年という時期は、このように日本の経済・政治の大きく変化した時期に当っていた。

第1部　現代日本の地域格差

1　はじめに

　わが国の人口は、2008年をピークに減少に転じた。急速に進んだ少子化の帰結として、今後人口の減少が続くものと予測されている。それは、今後のわが国の経済・社会の広範な領域に多大な影響を引き起こすことになるものと考えられている。少子化と対句のように指摘される高齢化は、少子化と長寿化がもたらすものであるが、人口の年齢構成の大きな変動が予測され、生産年齢人口の減少と高齢人口の急激な増加は、広範な国民生活に深刻な影響をもたらすものととらえられている。

　こうした変動は、わが国全般を覆うものであるとはいえ、全国一律に進むわけではない。高齢化にしても、人口に占める高齢者の割合は、地域ごとに少なからぬ差を含んでいる。地域別に見た場合、人口の規模自体、減少の進み方には多分に差異が見られ、全般に人口の減少が進んでいる中にも、人口の増加を示す地域も見出される。それだけに、進行しているわが国の経済・社会の変動をとらえるには、全国的な動向だけでなしに、地域ごとの変動にも着目しなければならない。進行しつつある変動によって、あるいはそれに触発されて、地域ごとの差異が拡大し、あるいは縮小する。以前から存在していた地域格差が、どのように推移するのかを見定めなければならない。

　本書は、今日のわが国経済・社会の変動を地域ごとの差異に着目してとらえようとする試みである。筆者は、前著『現代日本の地域分化』(2012年7月　東信堂)において、1980年と2005年との国勢調査や農業センサス等の市町村別集計を分析して、21世紀初頭のわが国の地域的な変動とその中に見出

せる格差を描き出そうとした。本書は、それに続いて、2010年の国勢調査等の市町村別集計を活用して、その後の変化を明らかにしようとするものである。ただし、以下の2点において、前著とは異なる意味を持つものとなっている。

第1は、前著においては、利用した資料の制約から、分析が日本全土に及び得なかった部分があったのであるが、今回は、2005年と2010年の全市町村のデータに基づいて、全国にわたる地域的な分析を行うことができた。すなわち、前著の場合には、2005年の時点については、全市町村について、統計資料を整理することができたが、1980年の時点については、その当時に行った市町村に対するアンケート調査に回答を寄せた当時の全国の市町村のほぼ半数について集めた統計資料を活用した。それぞれの時点の状況については、これらの集計に基づいて分析した。同一の市町村の二つの時点での推移については、平成の市町村合併によって市町村の統合が進み、新市町村の範域についての80年時点の資料を整理することが困難であったことから、平成の大合併の際に合併しなかった町村の内80年当時のアンケートに回答した500前後の市町村についてだけ、推移をとらえるにとどまらざるを得なかった。いわば部分的な資料に基づく分析にとどまり、それだけに一定の歪みがあることを考慮せざるを得ないものであった。これに対して、本書の場合には、2005年と2010年の全町村にわたる資料を整理しており、資料の欠如によるゆがみはないものということができ、全町村にわたって、5年間の推移をとらえることができるものとなっている。

なお、2005年以降にも市町村合併は行われており、この間に統合された町村も見出されるが、後述のように、合併後の市町村の範域に整理して統計を処理している。

第2に、前著では、たまたま2005年の統計資料を整理し、それと1980年の資料とをあわせて分析した。2005年という時点に特別の意味があったわけではない。個人的な動機として、大学を退職して、時間的な余裕ができ、手元にあった資料を活用しようということで、その活用の手段として最近時点の統計を整理したということであった。今回は2010年時点のわが国の状

況を把握するということに、一つの意味がある。改めていうまでもなく、2011年3月11日に東日本大震災が発生した。巨大な地震と津波によって、東北3県を中心に広範な地域に被害が及んだだけでなく、東京電力福島原子力発電所で深刻な災害が発生し、福島県内の広い地域に居住できない状況まで作り出した。この巨大な災害とことに原子力災害とは、これまでのわが国の発展の経過と帰結に基本的な再検討を要求するものとならざるを得なかった。安全神話が崩壊して原発の危険性があらためて暴露され、その廃棄物の処理の見通しすらない「トイレのないマンション」という状態のままに稼動を続け、廃棄物を蓄えてきた無責任さが露呈されることなどから、わが国全体のエネルギー政策の見直しと、その基盤となるわが国の経済・社会のあり方の再考が強く求められることになった。折りしも人口減少過程をたどることになり、これまでの成長拡大という目標に代わって、省エネをはじめとする新たな適応の道が模索されることになった。

　もちろん災害によって損なわれた地域の復興は緊急に進められなければならないが、災害の教訓をふまえるとき、単に従前の姿を再建することはできないものと考えざるを得ず、新たな形での復興・再建が図られなければならないと考えられる。2010年の状況というのは、この深刻な災害の前夜に相当し、災害以前にわが国が到達していたのが、どのような状況であったのかを示すものに他ならない。もし将来一定の復興の過程が進んだときに、同じような統計資料の整理を行うとすれば、この大災害を経てわが国の経済・社会がどのように変貌したのかを明らかにするための基礎資料として活用されることになるであろうと思われる。このことは、前著においてもふれていたことであり、2015年の国勢調査等の統計資料によって、復興の状況をたどる計画であることを述べておいた。筆者にこの作業が可能であるか否かは予想できないし、原子力災害はさらに長い期間にわたって復興を阻害し続ける上に、地震と津波による被害についても災害の規模や深刻さ、さらには国などの取り組みの経過等を考慮すると、2015年にどこまで復興しているのかは疑問の点も多いが、こうした計画の一環として今回の分析があることを、留意しておきたい。いずれにしても、2010年の統計資料を整理することは、

東日本大震災以降のわが国の経済・社会の展開を検討する上での礎石としての意味を持つものであることを指摘しておきたい。

2　分析の方法

　上記のような特色はあるものの、本書で進めようとしている作業は、基本的に前著で行った作業と同様であり、前著では2005年と1980年との対比を主として対象としていたのに対して、本書は、2010年に焦点を当て2005年からの推移をたどろうとするものである。ここで進める作業の意義や留意点、問題点等については、前著の序章で説明してあるが、ここではその趣旨を再度簡単に述べておくこととする。より詳細には、前著を参照されたい。

　これまでの社会学における地域研究においては、主として特定の地域を選び、その詳細な事例調査を素材として、わが国経済・社会の動向を把握しようと試みてきた。こうしたオリジナルな調査が大きな成果をあげてきたことは重要な点であるが、一方において、とらえられる事例がどこまで一般化できるのか、わが国全体の動向に見られる多様な動きをどこまで目配りできるのかといった問題点を含んでいたことも否定できない。ここで取り組もうとするのは、こうした対象・方法とは異なって、国が行う全国統計の集計結果などを全国の各市町村単位に整理して、そこに見られる動向や差異を取り出すことによって、日本社会の全体的な動向とそこに見られる多様性とを浮き彫りにしようとするものである。

　国の統計調査を活用することのメリットは、それが全国をカバーしており、全国集計に加えて地域的な集計を活用することによって、全国ならびに地域ごとの状況がくまなく把握でき、定期的に繰り返して実施されていることから、経年的な変化をたどることができることなどをあげることができる。もちろん国の行う統計調査は、それぞれに政治・行政上の要請があって行われるものであり、その調査項目や調査の観点は必ずしも社会学研究の主題に適合しているわけではない。また、定期的に繰り返し行われているといっても、各時期において、調査の内容や方法に多少とも修正が加えられており、すべ

ての項目の経年的変化がたどれるわけではない。また、一口に国の行う統計調査といっても、所管する省庁が異なり、調査目的も異なるものが含まれており、調査の実施時期や方法にはそれぞれ一様でないものがあり、またそれぞれに独自の対象設定や概念の定義を規定している。厳密にいえば、異なる統計調査の結果を一体のものとして取り扱うことはできないというべきであるが、ここでは無謀というそしりはあるかもしれないが、厳密さを求めて禁欲するよりも、あえて近似的な結果が得られることの利点に着目して、調査時点や概念定義の差異に眼をつぶって、複数の統計調査などの結果を一緒に取り扱うこととしている。

　これまで社会学の地域研究においては、多くの場合、国勢調査などの国の統計調査は、その全国集計や、都道府県別あるいは市町村別の集計結果を、研究者自身で調査する地域の概況を知る情報として利用するにとどまり、国の統計調査自体を分析することにはあまり関心が示されてこなかった。それはオリジナルな地域調査にもっぱら重点が置かれてきたためであり、またオリジナルな調査からきわめて多くの知見が得られたからであった。しかしながら、近年オリジナルな調査の実施が次第に困難になりつつあり、さまざまな制約の下で行われざるを得なくなってきている。個人情報の保護の要請が強まったことや、通勤等で不在の家が多くなったことや、調査を装った悪質な勧誘などが横行することなど、さまざまな理由によって実態調査の実施が容易でなくなり、アンケート調査等においても従前であれば公表をためらったと思われるほどの低い回答率しか上げられなくなってきている。こうなると調査結果の信憑性にも当然疑問が生じることになるわけであり、もし信用できる調査結果があるのならば、それを利用した方が望ましいということにならざるを得ない。国勢調査などの国による統計調査も、こうした状況の例外ではなく、以前よりは精度が落ちていることは指摘されているところではあるが、それでも最も信頼される、統一的な手順に従ってきわめて組織的に行われている調査であり、今後はこれまで以上にその活用が工夫される必要があるのではないかと思われる。

　ここでは国勢調査や農業センサス、その他の諸統計の市町村別集計、それ

に市町村財政の決算報告、などを材料に分析を行う。市町村別集計を用いることは、それが統一的に公表される限りでの最小の集計単位だからである。今日の市町村は、合併が繰り返された結果、地域の特性をとらえるには広くなりすぎており、その中に異なる特性をもった地域が複数含まれている例が少なくないが、より小さい単位での集計は全国一律に得られるように公表されてはいないから、これに依拠せざるを得ない。しかし、市町村は基礎自治体として、社会的なまとまりを持っており、単なる集計単位としての無機的な地域区分ではない。それだけに、市町村単位での統計結果を検討することには積極的な意味があるということができる。

統計調査は、事象の特定の側面のみに着目して、計数的な把握を行うことを特性としている。たとえば、国勢調査においては、個人の年齢、性別、勤務地や世帯の人数、構成などをそれぞれに個々の項目として集計する。それぞれの項目は分断されており、それぞれの集計結果を検討することはできるが、相互の関連をとらえることはほとんど不可能である。もちろん社会的現実としては、同じ40歳代の男性と数え上げられた2人が、1人は単身で生活して隣接する市に通勤しており、他の1人は夫婦と2人の子供とともに生活して自宅で商店を営んでいるというように、多分に異なった生活を送っているのであるが、同じ年齢区分と異なる勤務地、世帯構成にそれぞれ分断されてカウントされている。その結果、公表される統計数値は、年齢階層別の人数や、世帯員数別の世帯数等々が、個々別々に示された、いわば無味乾燥なものとなる。

個別化された調査項目について得られたデータを再構成して、具体性のある社会的現実に近づけることは、研究者自身が行うオリジナルな調査の場合には、個々の調査対象の調査個票などを用いて、さまざまな分析を加えることである程度まで可能である。しかし、国の行う調査の場合には、もちろん調査個票にふれることはできないし、公表されるわずかなクロス集計以外に、項目間の連関をとらえることは難しい。わずかに公表された集計結果に基づいて、その集計単位ごとのクロス集計などを活用して、多少とも立体的な把握を試みることができるのであり、市町村という公表される最小の集計単位

ごとの数値を活用することが、こうした意味で考慮されてよいものと思われる。国勢調査等の複数の調査項目、さらには別個の調査の調査項目の市町村単位に集計された統計数値を整理し、市町村ごとに項目相互の関連を検討することによって、項目間の関連を明らかにし、できれば市町村を単位とした統一的な像をまとめるというのが、本書で目指そうとする方法である。

したがって、以下の検討においては、たとえば人口量についていえば、市町村ごとの人口を整理し、一定の人口数の市町村の増減などを検討するものであり、人口量自体の増減を検討するものではない。いわば人口の変動を、市町村ごとの人口規模の変化を通じて間接的に検討しようとするものであり、直接的な人口規模の変動とは多少とも異なった結果を示すことになるかもしれない。この点は、以下の分析を見る上で留意されなければならない点である。

ここで、本書で分析の対象とする市町村と依拠した資料等についてふれておくこととしたい。国勢調査と農業センサスは、ともに5年ごとに実施されているが、ここでは2010年の調査結果を主に活用し、2005年の結果をそれと対比するために活用した。また、これとあわせて市町村の財政状況を検討するために、2010年度の決算書を素材とした。これらの資料として、国勢調査府県別統計書と農業センサス府県別統計書のそれぞれ一部を利用した。また、市町村財政の決算書については、地方財政調査研究会編『市町村別決算状況調』（地方財務協会）の資料によった。このほかに、総務省統計局『統計で見る市区町村のすがた』（日本統計協会）記載の統計資料を活用した。また、1955年以降2000年までの市町村別の人口の移動については、統計情報研究開発センター・日本統計協会編『市区町村別人口の長期系列』（日本統計協会）によった。そのほか、市町村自治研究会『全国市町村要覧』（第一法規）を参照した。

対象とするのは、全国の市町村であるが、2010年以降においても、市町村合併が進められていた。国勢調査は、2010年10月1日現在、農業センサスは、2010年2月1日現在で行われており、その他の統計についても、可能なかぎり2010年についての資料を集めることとした。市町村財政の決算につ

いても2010年度の決算、したがって2010年4月から2011年3月までの会計期間の資料を用いることとした。市町村合併がかかわるのは、2010年度決算が確定し、その結果が全国的にまとめられて公表されたのは2012年になってであり、その時点の市町村の編成に基づいてであったことである。その結果、統計資料と財政資料を一体的に扱うには、2012年度の市町村の編成によって各資料を整理することが必要とされた。そこで、2010年から2012年までの間に市町村合併が行われた地域については、統計結果を統合して新市町村の範域に修正した。また、2005年の統計資料等、ならびにそれ以前からの人口変動の資料についても、時系列的な推移をとらえることが必要であることから、同じく2012年の市町村の範域に統合して整理した。2005年には、まだ新市町村の成立は見ていなかったわけであるが、合併前の市町村の数値を表記することなく、すべて新市町村の区域の数値によって当該地域の数値の変動をとらえることとしている。後にもふれるように、また広く知られているように、いわゆる平成の大合併によって、きわめて多数の市町村が統合されたが、1、2の例外的な場合を除いて、ほとんどすべての合併が市町村単位で行われており、分村合併の例はほとんど無視できるほどのものであったことから、こうした操作が可能であった。合併を経た場合、2005年の特定の市町村の数値が、現実のその時点に存在した当該市町村の数値を大きく上回っている場合があるが、現在の時点での市町村の範域の推移をとらえることが目的であるために、このような処理をしていることを指摘しておく。

3　分析対象としての市町村

よく知られているように、わが国では、1889年（明治22年）の市制町村制の施行当時1万5千あまりの市町村がおかれたが、その後次第に合併が進み、とりわけ1950年代と2000年前後に、2回のきわめて大規模な市町村合併を経てきている。その間の市町村数の変遷は、**表1**に見るとおりであるが、昭和の大合併を経た1961年当時には3,472を数えた市町村は、1999年から始まる平成の大合併によって1,800前後にまで統合される。その後も合併は続き、

表1　市町村数の変遷

	市	町	村	合計	備考
1889	39	15,820		15,859	市町村制施行
1953	286	1,966	7,616	9,868	昭和大合併開始
1961	556	1,935	981	3,472	昭和大合併終了
1999	671	1,990	568	3,229	平成大合併開始
2012	786	757	184	1,727	現在

　本書で分析の対象の時期とする2012年には1,727となっている。規模の小さい村や町を統合して市制を施行する地域を拡大してきた経過が見てとれる。

　本書ではこれに23の東京特別区を加え、1,750の地域について検討を加えていくことにする。東京特別区は、その個々の区をほかの市町村と同列に扱うことに問題はあるが、今日の日本社会の変動において、東京への一極集中とそのもたらす問題点が重視されている中で、これを除いて分析することは許されないことであり、制度上の問題その他によっていくつかの項目で数値の得られない欠如はあるが、市町村と同列に扱うこととした。なお、考え方によっては、特別区をすべて合算して1つの地域としてとらえる方が適切であるとも思われるが、ここでは23の区に分割してそれぞれ1つの地域として取り扱っている。2012年の市町村として本書で分析の対象とする1,750の地域の構成は、したがって、特別区23、市786、町村941となる。

　平成の大合併では、その開始当時に3,200余りあった市町村が、ほぼ半数にまで統合されたから、きわめて多くの市町村が合併したことになるが、この期間に合併しなかった市町村も少なくない。現在の市町村の内で平成の大合併以降に合併を経験した市町村は、全体のほぼ3分の1にとどまる。その状況を**表2**と**表3**に示すが、表2は、行政制度との関連でどのような市町村の場合に合併した割合が大きいかを見たものであり、表3は地方別の差異を見たものである。表2からは、中核市とその他の市で合併した割合がきわめて高く、逆に町村では合併しないままの町村が多数であることが見られる。また、表3からは、合併が多分に地方ごとに差をもって進められたことが指摘できる。中国では3分の2、北陸と四国では半数以上の市町村が合併を経験しており、北海道・関東・東北などでは合併しなかった町村が多数を占めて

表2　市町村区分別に見た平成の大合併

	市町村数			構成比（％）		
	合併した	合併せず	合計	合併した	合併せず	合計
特別区	-	23	23	-	100.0	100.0
政令指定都市	9	10	19	47.4	52.6	100.0
中核市	29	11	40	72.5	27.5	100.0
特例市	17	20	37	45.9	54.1	100.0
その他の市	367	323	690	53.2	46.8	100.0
町村	161	780	941	17.1	82.9	100.0
全国計	583	1,167	1,750	33.3	66.7	100.0

表3　地方別に見た平成の大合併

	市町村数			構成比（％）		
	合併した	合併せず	合計	合併した	合併せず	合計
北海道	22	157	179	12.3	87.7	100
東北	67	161	228	29.4	70.6	100
関東	81	238	319	25.4	74.6	100
北陸	44	37	81	54.3	45.7	100
東海	81	157	238	34.0	66.0	100
近畿	68	159	227	30.0	70.0	100
中国	70	39	109	64.2	35.8	100
四国	47	47	94	50.0	50.0	100
九州・沖縄	103	172	275	37.5	62.5	100
全国計	583	1,167	1,750	33.3	66.7	100

いる。その結果、都道府県と市町村の関係も一様ではないものが想定される。北海道は179の市町村を擁しているが、四国には20市町村だけの県がある。こうした懸隔が都道府県の行政のあり方と無関係ではありえないであろう。そしてまた、本書の分析においても、一定の傾向を生じさせていることにも留意しておかなければなるまい。すなわち、以下に各項目について市町村の数を表示することになるが、その場合、合併した規模の大きな市よりも、合併しなかった規模の小さい町村など、あるいは合併の少なかった都道府県など、に傾斜している可能性があるということである。そのことからすれば、以下の分析において、2010年における諸変数の市町村別の分布よりも、むしろ2005年からの変化の方向や規模に注目することが重要なのであろうと

思われる。

　一口に市町村といっても、その中には、100万都市から規模の小さい村まで含まれる。人口規模から見ると最大は横浜市の368万8,773人である。東京23区を合わせればはるかに大きな規模になるが、ここでは23区に分割して扱うこととしている。なお、最小は170人の東京都青ヶ島村である。

4　人口の変化

　表4は、市町村の人口規模別の構成と、その2005年から2010年への移行の状況を示している。なお、この表では、上段の市町村人口規模の構成比については、全市町村数1,750を100とする構成比を示しており、下段の上昇・低落等の両年度間の移行においては、各階層の2010年における市町村数を100とする構成比を示している。この表によって人口規模別に見るならば、2010年の場合、人口3万未満の市町村が53.8％を占め、50万人以上の都市は全体の2％にとどまる。2005年と2010年の人口規模別の市町村数にはさほど大きな変化はないように見えるが、表の下段のように2005年よりも低い規模階層に移行した市町村（低落）とより高い規模階層に移行した市町村（上昇）と、両時期ともに同じ規模階層にある現状維持とに区分してみると、この間の変化の状況が浮かび上がってくる。すなわち、全体として9割以上

表4　人口規模とその移行

人口規模		3000未満	3千〜	5千〜	1万〜	3万〜	5万〜	10万〜	30万〜	50万〜	70万〜	100万〜	全体
2005年（市町村数）		107	111	239	466	260	279	203	51	14	9	11	1,750
2010年（市町村数）		118	120	244	462	245	272	205	49	13	11	11	1,750
2005年（構成比）		6.2	6.3	13.7	26.6	14.9	15.9	11.6	2.9	0.8	0.5	0.6	100
2010年（構成比）		6.6	6.9	13.9	26.4	14	15.5	11.7	2.8	0.7	0.6	0.6	100
2005〜10への移行	上昇	0			2	2	5	5	3	1	3		19
	現状維持	98	100	217	437	232	263	197	46	12	8	11	1,615
	低落	20	20	27	23	11	4	3					116
構成比	上昇	0.0			0.4	0.8	1.8	2.4	6.1	7.7	27.3		1.1
	現状維持	83.0	83.3	88.9	94.6	94.7	96.7	96.1	93.9	92.3	72.7	100	92.3
	低落	16.9	16.7	11.1	5	4.5	1.5	1.5					6.6

の市町村が現状維持にあり、5年間に急激な変化が生じてはいないが、人口1,000人未満の市町村ではその3分の1が「低落」となっており、人口30万まででではわずかながらも低落が見られ、「上昇」する市町村は規模の小さい市町村には見られない。人口1万以上の市町村から「上昇」が見られるようになるが、上昇した市町村は全体の1%強にとどまる。要するに、この5年間の状況はとりわけ規模の小さい市町村で人口減少が進んでおり、全体的に減少基調にあるといってよいであろう。

　わが国の総人口は、2008年の1億2,808万人をピークに減少に転じ2010年には1億2,805万人となっているが、2005年から2010年の5年間の人口の減少は、それまでの時期とどの程度の差があるのかを見ることとしたい。国勢調査は、戦時期の例外を除き、1920年から5年ごとに行われており、時系列的にたどることができるものの、市町村単位の変遷をたどろうとすると、この間に繰り返された市町村合併による市町村範域の変化が大きく、全国的に統計数値を整理することは困難が大きい。幸いなことに、統計情報研究開発センター・日本統計協会編『市区町村人口の長期系列』（日本統計協会）は、1920年から2000年までの国勢調査結果を、2000年時点の市町村の編成に整理して表示しているので、この結果を活用し、それに2005年と2010年の国勢調査結果を加え、さらに2000年以降の市町村合併にともなう市町村範域の変化にともなう必要な修正を加えて、市町村別人口の長期変動をとらえることとした。ただし、今日に至る経済・社会の展開を考えるという見地から、1955年以降のみを整理することとした。

　表5は、このようにして得られた各年次の人口に基づいて、市町村別に5年ごとに5年以前からの増減率を計算したものである。増減率として示したのは、5年間の増減率の全市町村の平均値であり、その他の欄には、それぞれの増減率を示した市町村の全体に対する構成比を示している。

　この表を見ると、この半世紀余りの間に、市町村の人口が大きく変動してきた推移が明瞭に現れている。1955年以降5年間に10%以上も人口の増減を示す市町村が、多数見られる時期が続いた。10%以上の増加と10%以上の減少を加えた変動の大きい市町村が、55年からの15%弱をはじめとして、60

表5 人口増減率の推移

	増減率	10%以上増加	5%以上増加	増減5%以内	5%以上減少	10%以上減少
1955〜1960	0.3139	11.26	6.91	52.00	26.17	3.66
1960〜1965	0.4409	15.14	6.63	32.86	25.94	19.37
1965〜1970	0.9359	17.08	7.37	33.48	19.14	22.86
1970〜1975	3.7884	22.00	11.49	41.66	13.31	11.45
1975〜1980	3.4273	16.51	14.00	56.23	9.31	3.95
1980〜1985	1.7789	9.71	14.86	64.28	8.29	2.85
1985〜1990	-0.0899	7.26	10.80	60.46	16.97	4.51
1990〜1995	0.3222	5.77	11.43	65.31	15.60	1.88
1995〜2000	-1.020	2.70	7.89	70.63	16.63	2.17
2000〜2005	-2.0148	1.31	5.20	66.97	22.80	3.72
2005〜2010	-3.4428	1.26	4.40	53.77	31.94	8.64

年からの35%、65年からの40%、70年からの33%、75年からの20%と続き、ようやく80年代に入ってやや変動の幅を小さくする。この間は全般に増加基調であったが、それでも、一方に人口を大きく減少させる市町村をともないながら激動の時期が4半世紀ほども続いた。80年以降はそれまでに比べて沈静化し、増減5%以内の市町村が3分の2以上を占めるような時期が続くのであるが、2000年以降には、増減5%以内の市町村が減り始める。そして5年間に5%以上の減少を示す市町村が、1995年から20%近くなり、2000年からは25%、2005年からは40%弱に増加する。

　こうした傾向は、平均の増減率の動向にも現れている。85年から90年に一時マイナスに転じた時期があるものの、1955年以降全体にプラスの数値を示していたが、95年以降はマイナスが続き、その数値も激動の時期であった70年代と絶対値としては同じ程度になってきている。2000年以降激しい人口減少期に入ったことが現れている。

　ここではまず、人口増加の傾向が沈静化したと見られる1980年から、2010年までの30年間の人口変動が、各地にどのように生じているのかを見ることとしよう。表6は、この30年間の人口の対比を地方別に示したものである。全体として見ると、この30年間に10%以上の人口増加を見た市町村の数は、全国の市町村のほぼ3割であり、そのうち15%ほどは30%以上の増

表6 地方別に見た1980年に対する2010年の人口の比率

	50%未満	50〜	70〜	90〜	110〜	130〜	合計	市町村数
北海道	6.7	43.6	31.3	9.5	2.8	6.1	100	179
東北	0.9	13.6	50.0	23.2	7.9	4.4	100	228
関東	0.6	2.5	12.9	25.7	26.0	32.3	100	319
北陸	-	9.9	35.8	37.0	9.9	7.4	100	81
東海	1.3	8.0	19.3	29.8	23.9	17.6	100	238
近畿	2.2	9.7	23.3	26.4	24.2	14.1	100	227
中国	0.9	15.6	47.7	23.9	8.3	3.7	100	109
四国	1.1	25.5	41.5	20.2	8.5	3.2	100	94
九州・沖縄	0.4	9.1	45.1	18.2	10.5	16.7	100	275
全体	1.5	13.3	31.7	23.3	15.5	14.7	100	1,750
市町村数	27	232	554	408	272	257	1,750	100

　加を示している。その一方で、半数は10％以上人口を減少させており、27の市町村では30年の間に人口が半減するという激しい減少を見せている。地方別に大きな差異が見られることも重要である。すなわち、増加・減少の幅が10％以内という多分に安定した状況にあるのは、全体としては23％であるのに対して、北陸が37％と最も多くなっている。増加した市町村が多いのは関東・東海・近畿であり、特に関東では3分の1が30％以上の人口増加を示している。減少した市町村が多いのは、北海道・四国などで、特に北海道では、半数以上の市町村で30％以上の人口減少を示している。

　もちろん、それぞれの地方の内部についていえば、増加した市町村も減少した市町村もある。**表7**は、市町村の制度や規模別に、この間の人口の増減について見た表であるが、ここでは単純化していえば、規模の大きい市での人口増加、小規模な町村での人口減少という傾向が見出せる。東京特別区では、その6割は30年間に10％前後の増加・減少にとどまるという安定した状況にあり、それ以外のほとんどの区では人口の増加を見ている。政令指定都市では、最も人口増加の傾向が顕著であり、人口20万以上の特例市、30万以上の中核市がそれに続く。それに対して人口5万未満の規模の小さい市では、6割以上が10％を超える人口減少を示している。さらに人口5千未満、3千未満の町村ではほぼ半数が3割以上の人口減少を見せている。

表7　市町村の制度・規模別に見た1980年に対する2010年の人口の比率

	50%未満	50～	70～	90～	110～	130～	合計	市町村数
特別区	-	-	13	60.9	17.4	8.7	100	23
政令指定都市	-	-	-	31.6	31.6	36.8	100	19
中核市	-	-	10.0	45.0	32.5	12.5	100	40
特例市	-	-	-	37.8	40.5	21.6	100	37
市10万以上	-	-	10.5	29.2	30.4	29.8	100	171
市5万以上	-	0.4	20.5	32.6	21.6	25.0	100	264
市5万未満	1.6	9.4	52.3	22.7	11.7	2.3	100	256
町村2万以上	-	1.1	15.3	18.1	26.0	39.5	100	177
町村1万以上	-	8.2	46.8	23.8	12.4	8.9	100	282
町村5千以上	1.2	28.9	43.4	18.2	3.7	4.5	100	242
町村3千以上	3.3	45.8	35.8	10.8	2.5	1.7	100	120
町村3千未満	13.4	47.9	28.6	5.0	1.7	3.4	100	119
全体	1.5	13.3	31.7	23.3	15.5	14.7	100	1,750
市町村数	27	232	554	408	272	257	1,750	100

　こうした地方別・市町村の規模別の人口増減の状況をより具体的に見る意味で、**表8**に1980年から2010年までの30年間に最も多く人口の増加・減少を見せた市町村をそれぞれ1位から10位までを表示した。上位10位までを見ると、30年の間に人口が2倍から3倍にまで増加した市や町が並ぶ。この間に最も人口増加率の大きかったのは、茨城県守谷市で30年間に人口が3.5倍に膨張している。守谷市は千葉県の柏市・我孫子市に隣接しており、新興住

表8　1980年に対する2010年の人口の比

順位	上位十位			下位十位		
	市町村名	県名	数値	市町村名	県名	数値
1	守谷市	茨城	355.31	夕張市	北海道	26.18
2	富谷町	宮城	337.70	上砂川町	北海道	37.87
3	三田市	兵庫	312.67	五木村	熊本	39.05
4	利府町	宮城	303.49	川上村	奈良	39.58
5	印西市	千葉	294.21	南牧村	群馬	41.12
6	長久手町	愛知	279.54	早川町	山梨	41.46
7	猪名川町	兵庫	275.37	神流町	群馬	43.01
8	浦安市	千葉	254.94	歌志内市	北海道	43.10
9	白井市	千葉	241.63	東吉野村	奈良	43.59
10	栄町	千葉	236.37	三笠市	北海道	43.83

宅地として発展してきている地域である。このほか仙台市に隣接する富谷町・利府町など、大都市近郊の人口急増地が並ぶ。10位以内に千葉県4を含めて関東が5地域含まれ10位までの半数を占める。一方、人口の減少を見た下位の10市町村について見ると、人口がほとんど4分の1にまで減少した夕張市をはじめ、30年間に人口が半減以上の急激な減少を示した地域が並ぶ。ここでは北海道の4市町（うち3は市）が眼を引くとともに、奈良・群馬などの山村が目につく。夕張市の場合には、最盛期の1950年代には10万を超えていた人口が、地域の産業の変遷にともなって急速に人口の減少を生じ、80年には41,715人、2010年には10,922人にまで減少している。

　それでは次に人口の減少基調に入った近年の状況に眼を転じることとしよう。この5年の間の人口の増減を見ると、全体として、人口の増加が見られた市町村はほぼ4分の1、残りの4分の3は人口の減少を見ており、全体として人口減少の基調になったことが指摘できる。中でも、全体の3分の1の市町村は5年間に10％以上の人口減少を見せており、いわゆる過疎化の進行が広範にわたっていることが指摘できよう。

　2005年から2010年の間に、大きく人口減少を示したのはどのような市町村であり、数は少ないものの人口の増加を見た市町村はどのような市町村なのか、いくつかの指標との関連を見ておこう。

　まず、表9には地方別の差異を示した。ここからは、人口の増減の状況が地方別に大きな差異を持っていることがうかがわれる。5年間に10％以上という大きな人口減少を示している市町村は、全国的には8.6％にとどまるが、北海道では21％と5分の1の市町村がこれに該当する。それについで四国でも18％を数える。5％から10％の減少率を示すのは、北海道・東北の半数の市町村、四国・中国・九州沖縄の3分の1を上回る市町村であり、この結果、程度の差はあれ5年間に人口の減少を見た市町村は、全国の75％、四国・北海道・東北では90％を超える市町村であり、中国・北陸もこれとほぼ同列にある。一方、この5年間に10％以上の人口増加を示した市町村は、全国に22（全体のわずかに1.3％）あるが、このうちの12は関東に集中している。そして、関東の48％、東海の34％、近畿の28％が、この5年間に人口の増加を示して

表9 地方別に見た2005年～2010年の人口増減率別市町村の構成

上段：市町村数 下段： %	10%以上減	－5%～－10%	0～－5%	0～5%	5～10%	10%～	合計	減少計	増加計
北海道	38 21.2	91 50.8	34 19	14 7.8	2 1.1	0 0.0	179 100	163 91.0	16 8.9
東北	17 7.5	117 51.3	74 32.5	17 7.5	2 0.9	1 0.4	228 100	208 91.3	20 8.8
関東	9 2.8	55 17.2	102 32.0	108 33.9	33 10.3	12 3.8	319 100	166 52.0	153 48.0
北陸	3 3.7	24 29.6	42 51.9	9 11.1	2 2.5	1 1.2	81 100	69 85.2	12 14.8
東海	18 7.6	47 19.7	91 38.2	68 28.6	12 5.0	2 0.8	238 100	156 65.5	82 34.4
近畿	22 9.7	50 22.0	92 40.5	53 23.3	8 3.5	2 0.9	227 100	164 72.2	63 27.7
中国	10 9.2	41 37.6	46 42.2	10 9.2	2 1.8	0 0.0	109 100	97 89.0	12 11.0
四国	17 18.1	36 38.3	34 36.2	7 7.4	0 0.0	0 0.0	94 100	87 92.6	7 7.4
九州・沖縄	17 6.2	98 35.6	96 34.9	44 16	16 5.8	4 1.5	275 100	211 76.7	64 23.3
全国計	151 8.6	559 31.9	611 34.9	330 18.9	77 4.4	22 1.3	1,750 100	1,321 75.4	429 24.6

いる。こうして、関東・東海・近畿の増加、北海道・東北・北陸・中国・四国の減少という、従来から見られた人口移動の地域的なパターンが依然として持続しており、むしろより鮮明になっていること、5年間の人口減少が従来以上に加速されていることを考え合わせると、事態はきわめて深刻なものがあるといわざるを得ない。とりわけ、北海道・東北・四国の場合には、9割以上の市町村が減少を示しており、もはや市町村の努力によって回復を図ることが困難な状況がこうした地域を広く強く覆うにいたってしまったのではないかとさえ思われる。

　人口の増減と地域の特性との関連をとらえようということで、**表10**には世帯の内で農家世帯の占める割合すなわち農家率を、**表11**には市町村における人口集中地区の割合を取り上げて、それぞれ人口増減率との関連をとら

表10 世帯数に占める総農家の割合別に見た2005年〜10年の人口増減率別市町村の割合

	10%以上減	−5%〜−10%	0〜−5%	0〜5%	5%〜10%	10%以上増	合計	市町村数	増加計	減少計
なし	6.3	0.0	0.0	18.8	50.0	25.1	100	16	93.9	6.3
5%未満	5.0	11.0	28.9	43.1	9.6	2.3	100	471	55.0	44.9
5〜	7.2	26.0	42.9	19.4	4.1	0.3	100	315	23.8	76.1
10〜	5.9	24.1	52.3	13.9	2.5	1.3	100	237	17.7	82.3
15〜	5.6	37.7	47.2	7.1	1.4	1	100	212	9.5	90.5
20〜	14.4	50.4	28.8	5.8	0.7	0.0	100	139	6.5	93.6
25〜	10.4	55.2	30.4	2.4	0.8	0.8	100	125	4.0	96.0
30〜	14.6	60.7	24.7	0.0	0.0	0.0	100	89	0.0	100.0
35〜	20.2	62.3	13.0	4.3	0.0	0.0	100	69	4.3	95.5
40〜	14.7	70.6	11.8	2.9	0.0	0.0	100	34	2.9	97.1
45〜	31.8	59.1	9.1	0.0	0.0	0.0	100	22	0.0	100.0
50〜	23.6	71.4	4.8	0.0	0.0	0.0	100	21	0.0	99.8
全国計	8.7	31.9	34.9	18.9	4.4	1.3	100		24.6	75.5
市町村数	151	559	611	330	77	22		1,750	429	1,321

表11 市町村人口に占める人口集中地区人口数の割合別に見た2005年〜10年の人口増減率別市町村の割合

人口集中地区率 \ 人口増減率	10%以上減	−5%〜−10%	0〜−5%	0〜5%	5%〜10%	10%以上増	合計	市町村数	増加計	減少計
なし	16.2	48.8	24.8	7.6	1.6	1.0	100	899	10.2	89.8
10%未満	0.0	28.6	42.9	28.6	0.0	0.0	100	7	28.6	71.5
10〜	0.0	26.4	66.7	6.9	0.0	0.0	100	72	6.9	93.1
20〜	0.0	30.9	56.7	11.3	1.0	0.0	100	97	12.3	87.6
30〜	0.0	18.6	62.9	16.5	2.1	0.0	100	97	18.6	81.5
40〜	1.9	20.0	54.3	18.1	4.8	1.0	100	105	23.9	76.2
50〜	1.1	16.9	41.6	31.5	7.9	1.1	100	89	40.5	59.6
60〜	1.1	5.6	42.7	36.0	12.4	2.2	100	89	50.6	49.4
70〜	0.0	5.3	46.7	33.3	12.0	2.6	100	75	47.9	52.0
80〜	1.2	7.1	33.3	46.4	8.3	3.6	100	84	58.3	41.6
90〜	0.0	0.0	19.1	62.5	15.4	2.9	100	136	80.8	19.1
全国計	8.7	31.9	34.9	18.9	4.4	1.3	100	1,750	24.6	75.5
市町村数	151	559	611	330	77	22	1,750		429	1,321

えた。農村的な地域と都市的な地域とで、人口の増減にどのような差異が見られるのかをごく概括的にとらえようという趣旨である。

まず、農家率との関連についてであるが、農業センサスでは、農家のうちでも農産物の販売をほとんど行わない小規模な自給的農家と、農産物の販売を行う販売農家とを区別し、後者のみについて主として調査を行っているが、農家数としては、それぞれの農家数を調べており、両者を合わせた数を総農家数として示している。ここでは、それぞれの市町村の世帯数に対する総農家数を農家率として表示している。ここで指摘できることは、農家の全くない16の市町村では、2005年からの5年間に人口が増加した地域が94％にものぼること、総農家率5％未満という農家のごく少ない地域では半数以上が人口の増加を見ていること、それに対して、農家率15％以上の市町村では、9割以上が人口の減少を見ていること、そしてこの間の人口減少率が、5％以上および10％以上という人口の減少が激しい地域では、農家率が高まるほど人口の減少した地域の割合が大きくなるという傾向が見られること、などであろう。概括的にいえば、農村的地域での人口減少が著しいということであろう。

　逆に都市的地域について検討する意味で、人口集中地区人口の割合について表示した。市制施行地域にも、市町村合併の影響もあって、町村部と変わらない農村的な地域が含まれており、単純に市制施行地域を都市、町村を農村と見ることはできない。そこでそれぞれの市町村について、人口集中地区とされるエリアに居住する人口数の総人口に対する割合をもって、それぞれの市町村の都市性を見ることとした。市町村の全域が人口集中地区である地域を頂点として、それを全く持たない市町村にいたる系列と人口増減率との関連を見るわけである。表11に見るように、ここでは、人口集中地区の比重が大きい地域での人口増加、人口集中地区を欠く地域やその比重の小さい地域での人口減少という傾向が緩やかながら読み取れる。すなわち、人口集中地区のない900ほどの市町村ではその9割が人口の減少を示しており、特に10％以上、5％以上の減少率の地域の比重が大きい。逆に総人口の9割以上が人口集中地区に居住する地域では、80％が人口の増加を見ている。人口集中地区の比重が5割を超える都市的傾向の大きい地域で人口の増加が、それ以下の地域で人口の減少が、という傾向を見ることができる。

　これら2つの表から、都市的地域での人口増加、農村的地域での人口減少

という傾向を見出すことができる。これらのことは、人口規模の大きい都市での人口増加、規模の小さい町村での人口減少という傾向が見られるのであろうという想定をもたらす。この点を確かめる意味で、**表12**に、市町村の制度や規模の別と、2005年に対する2010年の人口の比率との関連を見る表を示した。この表からは、東京特別区ではそのすべてがこの間に人口の増加を見ていること、政令指定都市・特例市では大部分が人口の増加を見せていること、中核市の場合に人口の増加と減少が拮抗しているが、それ以下の規模の市では、規模が小さくなるのに対応して、人口の減少する場合が増えていること、一方、町村では全体に減少の傾向が強く、規模が小さくなるのにつれて減少の傾向が強まること、などが見出せる。しかし、こうした人口規模と人口の増減の関係は、一義的なものではない。たとえば、この5年間に1割以上の人口増加を見た、最も増加率の高い市町村は22見られるが、そのうち、東京特別区の4を除く18は、人口10万未満の都市か町村というむしろ小規模の地域に見出せる。

具体的に人口の増加。減少の顕著な市町村を見てみると、とりわけ規模の小さい町村の場合に、人口増減の比率が大きくなることが見出せる。**表13**

表12 市町村の制度・規模別に見た2005年に対する2010年の人口の比率別市町村数

	90%未満	90〜	95〜	100〜	105〜	110〜	合計
特別区	-	-	-	11	8	4	23
政令指定都市	-	-	5	13	1	-	19
中核市	1	1	17	19	2	-	40
特例市	-	-	15	22	-	-	37
市10万以上	-	4	79	76	12	-	171
市5万以上	-	32	140	67	22	3	264
市5万未満	9	117	111	16	2	1	256
町村2万以上	1	27	72	58	14	5	177
町村1万以上	11	138	91	28	11	3	282
町村5千以上	33	134	54	15	4	2	242
町村3千以上	34	62	14	8	2	-	120
町村3千未満	56	43	13	2	1	4	119
全体	145	558	611	335	79	22	1,750
構成比	8.3	31.9	34.9	19.1	4.5	1.2	100

表13　2005年に対する2010年の人口の比

上位10位					下位10位				
市町村名	県名	人口対比	2010年人口	2005年人口	市町村名	県名	人口対比	2010年人口	2005年人口
朝日町	三重	135.3	9,627	7,114	野迫川村	奈良	70.5	522	743
中央区	東京	124.8	122,831	988,399	大川村	高知	76.4	411	538
御蔵島村	東京	119.2	350	292	占冠村	北海道	76.6	1,393	1,819
守谷市	茨城	116.4	62,434	53,700	黒滝村	奈良	78.1	841	1,076
菊陽町	熊本	116.3	37,741	32,434	小菅村	山梨	80.2	816	1,018
伊奈町	埼玉	116.3	42,463	36,535	座間味村	沖縄	80.3	868	1,077
白井市	千葉	113.8	60,353	53,005	川上村	奈良	80.3	1,642	2,045
豊島区	東京	113.6	284,768	250,585	早川町	山梨	81.2	1,247	1,534
富谷町	宮城	113.1	47,046	41,593	平谷村	長野	81.8	566	688
北大東村	沖縄	113.1	665	588	小谷村	長野	82.2	3,225	3,920

は、2005年に対する2010年の人口比率について、最も増加率の大きい市町村と、最も減少率の大きい市町村を、それぞれ10市町村ずつ表示したものである。このうちでたとえば、最も増加率の高い三重県朝日町は、桑名市と四日市市にはさまれた人口9,627（2010年）の町で、2005年の7,114から増加したものであるが、3位の東京都御蔵島村は、2010年の人口は350人、2005年には292人であったが2010年時点では増加し、その後2013年の住民登録人口は305人となるなど、安定したものとはいえないようである。いずれにしても、上位10位以内に、東京特別区2区（中央区と豊島区）を含めて関東地方から6市町村が含まれていることは、これまで指摘してきた点と重なり合うものであろう。

　一方、減少率の大きい下位10位以内の町村について見ると、うち6町村は人口1,000人未満の小村であり、とりわけ規模が小さいだけに小数の変化でも減少率が大きくなることも考慮される。また、地域的には、奈良県が3村、長野県・山梨県が各2町村と、山村の場合が目立つことも指摘できよう。それにしても、これらの町村の場合、5年間に20～30％もの人口減少を見せており、その急激な進行には留意せざるを得ない。国立社会保障・人口問題研究所では、将来人口の推計を行っているが、それによると、下位1位の奈良県野迫川村は2020年には354、2030年にはさらに277となるものと推計され

ている。20年後にはさらに半減するという推計であり、こうした地域での人口の減少には今後とも注目しなければならない。

5　少子化と高齢化

　人口の増減は、言うまでもなく、出生と死亡の差としての自然増減と流入と流出の差としての社会増減とによってもたらされるのであるが、わが国の人口は、2008年にピークに達した後、人口減少時代に入ったとされている。そうした変動は、平均寿命の伸びによって死亡率が低下したにもかかわらず、出生率の長期にわたる低下によって生じたものとされ、いわゆる少子化によってもたらされたものとされている。個々の市町村の人口の増減については、大多数の市町村が人口の減少を示す中で、社会増によって人口の増加を見せる地域もあるものの、全般的には社会増減の差異を含みながらも少子化にともなう自然減が基調になっているといえよう。少子化の動向と人口増減との関連を検討することが望まれるが、ここでは15歳未満の若年人口の総人口に占める割合と、人口増減率との関連を見ておくこととする。

　表14は、若年人口の割合と人口の増減率の間に、多分に明瞭な関連が見

表14　若年人口の割合別に見た2005年〜10年の人口増減率別市町村の割合

増減 若年 人口	10% 以上減	−5%〜 −10%	0〜 −5%	0〜5%	5%〜 10%	10% 以上増	合計	市町 村数	増加計	減少計
7%未満	85.7	9.5	0.0	4.8	0.0	0.0	100	21	4.8	95.2
7〜	63.6	9.1	0.0	13.6	9.1	4.5	100	22	27.2	72.7
8〜	62.5	30.4	5.4	0.0	1.8	0.0	100	56	1.8	98.3
9〜	35.7	56.1	4.1	2.0	2.0	0.0	100	98	4.0	95.9
10〜	11.4	71.3	12.0	3.0	1.2	1.2	100	167	5.4	94.7
11〜	5.2	61.5	28.1	4.2	0.7	0.3	100	288	5.2	94.8
12〜	1.8	34.5	52.0	10.5	0.9	0.3	100	342	11.7	88.3
13〜	1.3	12.2	59.3	24.0	2.6	0.6	100	312	27.2	72.8
14〜	0.5	7.7	48.6	38.7	4.5	0.0	100	222	43.2	56.8
15〜	0.9	6.5	18.7	61.7	9.3	2.8	100	107	73.8	26.1
16〜	2.6	6.1	10.4	38.3	32.2	10.5	100	115	81.0	19.1
全国計	8.7	31.9	34.9	18.9	4.4	1.3	100	1,750	24.6	75.5

られることを示している。すなわち、人口に占める若年人口の割合が、7%未満、7%台、8%台の市町村においてはその6割以上が5年間に10%以上の人口減少を示しており、9%から11%では6割以上が5%から10%の減少を、12～14%では5%未満の減少を、15%以上では、5%未満の増加を示している。

　少子化とともに指摘されるのが高齢化である。高齢化は直接的には長寿化によって高齢者が増加したことに基づいて生じた現象であるが、人口増加率の低下、さらには人口の減少の影響を受けて、人口に占める高齢者の割合は急速に大きくなってきている。とりわけ人口の流出によって若年層や中年層が減少する地域では、より一層高齢化が目立つことになる。**表15**は、高齢化率と人口増減率の関連を現したものである。ここでは、両者が極めて密接な関連を示していることが指摘できる。すなわち、高齢化率が15%未満及び15%～20%の市町村では、そのほとんどで人口の増加が見られるのに対して、高齢化率30%以上の市町村では、わずかな例外を除いてすべてが人口の減少を見ている。しかも、高齢化率40%以上では人口は10%以上減少し、30%台では5%以上減少しているのに対して、20%未満の市町村で5%以上・10%以上の人口減少を見た地域はごくわずかに過ぎない。高齢化と人口の減少が平行して進んでいることが見てとれる。

　高齢化率は、人口増減率と密接に関連しているだけに、その推移は地方別

表15　高齢化率別に見た2005年～10年の人口増減率別市町村の割合

増減率 高齢化率	10% 以上減	−5%～ −10%	0～ −5%	0～5%	5～ 10%	10% 以上	合計	市町 村数	減少計	増加計
15%未満	0.0	5.9	0.0	23.5	41.2	29.4	100	18	5.9	94.1
15～	0.0	1.1	10.9	57.6	23.4	7.1	100	184	12.0	88.1
20～	0.8	3.1	50.8	39.5	4.8	0.8	100	478	54.7	45.1
25～	1.6	31.8	59.3	6.7	0.7	0.0	100	450	92.7	7.4
30～	5.8	73.5	20.7	0.0	0.0	0.0	100	362	100.0	0.0
35～	33.7	62.7	3.0	0.0	0.6	0.0	100	166	99.4	0.6
40～	62.1	36.4	1.5	0.0	0.0	0.0	100	66	100.0	0.0
45～	86.7	13.3	0.0	0.0	0.0	0.0	100	15	100.0	0.0
50～	81.8	18.2	0.0	0.0	0.0	0.0	100	11	100.0	0.0
全国（%）	8.6	31.9	34.9	18.9	4.4	1.3	100		75.4	24.6
市町村数	151	559	611	330	77	22		1,750	1,321	429

に大きな差異を持っている。**表16**にみるように、2010年に、関東では、高齢化率20％未満と20〜25％を加えた、25％未満の市町村が7割に及んでおり、東海と近畿でも5割を占めている。その一方で、四国では高齢化率35％以上の市町村が4割を占め、中国の3割、北海道の22％が、それに続いている。

また、**表17**にみるように、市町村の区分別に見ると、東京23区は高齢化率が最も低く、20％未満の区が3分の2を占め、25％を超える区は見られない。政令指定都市・中核市・特例市などの規模の大きな市は、それに次ぎ

表16　地方別に見た高齢化率別の市町村の構成

	20％未満	20〜	25〜	30〜	35〜	40〜	合計	市町村数
北海道	1.7	14.5	29.1	33.0	18.4	3.4	100	179
東北	3.9	17.1	29.8	36.8	7.9	4.4	100	228
関東	25.4	43.6	21.0	6.3	1.9	1.9	100	319
北陸	6.2	23.5	42.0	14.8	8.6	4.9	100	81
東海	14.7	36.1	20.6	13.9	7.6	7.1	100	238
近畿	10.5	41.9	21.1	12.8	7.9	5.7	100	227
中国	3.7	12.8	26.6	27.5	16.5	12.9	100	109
四国	2.1	10.6	25.5	21.3	24.5	16.0	100	94
九州・沖縄	3.4	18.2	28.7	27.3	9.1	2.5	100	275
全国計	11.6	27.3	25.7	20.7	9.5	5.3	100	1,750

表17　市町村区分別に見た高齢化率別市町村の割合

	20％未満	20〜	25〜	30〜	35〜	40〜	合計	市町村数
特別区	65.2	34.8	-	-	-	-	100	23
政令指定都市	36.8	57.9	5.3	-	-	-	100	19
中核市	15.0	72.5	12.5	-	-	-	100	40
特例市	18.9	73.0	8.1	-	-	-	100	37
市10万以上	22.3	52.6	23.4	1.8	-	-	100	171
市5万以上	17.5	40.9	30.3	10.6	0.8	-	100	264
市5万未満	2.30	15.2	37.5	34.0	9.0	2.0	100	256
町村2万以上	27.1	41.8	20.9	9.0	1.1	-	100	177
町村1万以上	6.4	17.4	34.0	29.8	10.6	1.8	100	282
町村5千以上	1.6	12.0	24.4	36.4	17.4	8.2	100	242
町村3千以上	0	5.0	19.2	29.2	30.8	15.8	100	120
町村3千未満	5.9	6.7	8.4	17.6	25.2	36.1	100	119
全国計	11.6	27.3	25.7	20.7	9.5	5.3	100	1,750

30％を超える市は見られない。それより規模の小さい市では規模の小さいほど高齢化率が高まり、全体に市よりも高齢化率の高い町村の場合も規模の小さい方がより一層高齢化率が高い。人口増減率について見られたことと同様の地域的な傾向をここにも見ることができる。

ところで、高齢化率は、近年、急速に高まってきているといわれるが、上記のような地域的な差異を含みながら、全国的に上昇を見ている。**表18**は、2007年と2010年の市町村の高齢化率を対比したものであるが、わずか3年の間にも、高齢化率が全国的に高まっていることが現れている。両年度を通じて同一の階層にある市町村の数を太字にして示したが、太字より上にある、すなわちこの3年間に高齢化率が低下した市町村は、全国1,750市町村の内でわずかに、25に過ぎない。そして、太字より下、すなわちこの3年間に高齢化率がより高い階層に移行した市町村は、765（全市町村の47.3％）にのぼる。しかも、この高齢化率がより高い階層に移行した市町村の割合は、07年に高齢化率が15％未満であった市町村で61％、20％未満で57.7％、25％未満で39.7％、30％未満で42.1％、35％未満で37.6％、40％未満で34.2％、45％未満で31.4％と、07年に高齢化率がまださほど高くなかった市町村でより大きく高齢化が進んでいることが指摘できる。07年には、全市町村の高齢化率の平均は25.6％、最高値は54.4％であったが、10年には、平均27.8％、最

表18　2007年と2010年の高齢化率の比較（市町村数）

10年＼7年	10%未満	10%～	15%～	20%～	25%～	30%～	35%～	40%～	45%～	50%～	合計
10%未満	-	1	-	-	-	-	-	-	-	-	1
10%～	-	**16**	1	-	-	-	-	-	-	-	17
15%～	-	27	**152**	4	1	-	-	-	-	-	184
20%～	-	-	205	**268**	5	-	-	-	-	-	478
25%～	-	-	4	179	**266**	1	-	-	-	-	450
30%～	-	-	-	-	197	**158**	7	-	-	-	362
35%～	-	-	-	-	1	96	**68**	1	-	-	166
40%～	-	-	-	-	-	-	39	**23**	4	-	66
45%～	-	-	-	-	-	-	-	11	**4**	-	15
50%～	-	-	-	-	-	-	-	-	6	**5**	11
合計	-	44	362	451	470	255	114	35	14	5	1,750

表19　高齢化率の上位・下位10市町村

順位	上位十位			下位十位		
	市町村名	県名	数値	市町村名	県名	数値
1	南牧村	群馬	57.24	小笠原村	東京	9.19
2	金山町	福島	55.08	青ヶ島村	東京	10.45
3	天龍村	長野	54.07	浦安市	千葉	11.70
4	大豊町	高知	54.02	長久手町	愛知	13.06
5	昭和村	福島	53.20	みよし市	愛知	13.63
6	上勝町	徳島	52.44	富谷町	宮城	13.63
7	神流町	群馬	52.34	御蔵島村	東京	13.79
8	大鹿村	長野	51.55	西原町	沖縄	14.00
9	川上村	奈良	50.70	和光市	埼玉	14.06
10	北山村	和歌山	50.41	戸田市	埼玉	14.29

高値は57.2%に高まっており、全体的に高齢化が進みつつ地域的な差異を縮めてきていると見ることができる。それと同時に、高齢化率が35%以上の市町村が、168（全体の10%に近い）あることは、改めて確認しておかなければならないことであろう。

　具体的に高齢化率の高い市町村、低い市町村をあげてみると、**表19**のとおりとなる。ここではそれぞれ最も高い10市町村と最も低い10市町村を示したが、高齢化率の高い市町村としては高齢化率50%以上の地域が、低い市町村としては15%未満の市町村が並ぶことになる。高齢化率の高い市町村としては、福島・群馬・長野の各県から2町村ずつ、それに和歌山・奈良・徳島・高知の各県からそれぞれ山村が並ぶ。一方高齢化率の低い市町村としては、小笠原村・青ヶ島村・御蔵島村という東京都の離島が3村並び、いささか意外な感があるものの、そのほかは、東京都に隣接する千葉県浦安市・埼玉県和光市と戸田市、愛知県みよし市・長久手町という名古屋市と豊田市に挟まれた2市町村、仙台市に隣接する富谷町などの大都市周辺の近郊住宅地が並んでいる。

6　世帯と家族

　世帯や家族の動向について見ていくこととしたい。少子化・高齢化が進む

ことにともなって、世帯の縮小や家族の脆弱化が指摘されているが、2005年から10年の変化にもその傾向は明瞭に現れている。まず、**表20**は、市町村ごとに世帯の平均規模を2005年と10年を対比して示したものである。ここには、この5年間に世帯規模が激しく縮小したことが示されている。すなわち、市町村の平均の世帯規模が2.3人未満という小世帯が平均値である市町村が、05年には、120町村（6.9％）であったが、10年には209（12％）に増加している。逆に、3人以上が平均という市町村は、05年には581（33.2％）見られたが、10年になると362（20.6％）にまで減少している。そして、この5年間に世帯の平均規模が大きくなり、表の太字より下の階層に移行した市町村は、合計わずかに7市町村にすぎず、逆に規模を縮小してより小世帯の階層に移行した市町村は、766と全体の43.8％にまで達している。この結果、世帯規模の平均は、05年には2.84人であったが、10年には2.70に縮小し、平均規模の最大の市町村は、05年には4.41人であったが、10年には4.00人になっている。なお、最小の市町村は、両年度とも、1.6人である。これまで長く、夫婦と子供2人という4人家族を標準世帯としてきたところであるが、すでにその実体は失われてしまっているといわざるを得ない。2010年には、4人世帯が平均であるという市町村は1,750の全市町村のうちの希少事例になってしまっており、全体の平均は2.7人と3人をさえ割り込んでしまっている。

表20　2005年と2010年の世帯規模別市町村数の比較

10年＼5年	1.5人～	2人～	2.3人～	2.5人～	2.8人～	3人～	3.5人～	合計	％
1.5人～	25	13	-	-	-	-	-	38	2.2
2人～	1	78	90	2	-	-	-	171	9.8
2.3人～	-	2	126	170	1	-	-	299	17.1
2.5人～	-	1	1	332	214	7	-	555	31.7
2.8人～	-	-	-	2	111	212	-	325	18.6
3人～	-	-	-	-	-	276	57	333	19.0
3.5人～	-	-	-	-	-	-	29	29	1.6
全国計	26	94	217	506	326	495	86	1,750	
％	1.5	5.4	12.4	28.9	18.6	28.3	4.9		100.0

この5年間の世帯の縮小化の動向をさらに検討するために、世帯数や単身世帯数などの市町村の平均値とその5年間の増加率を**表21**に示し、さらに**表22**には、単身世帯の増加の状況を表示した。表21は1,750の市町村単位にそれぞれの平均値を示したものであり、きわめて大まかな概観をとらえたものであるが、単身世帯、ことに高齢者単身世帯の著しい増加が眼を引く。単身世帯率の最も高い町村では、2010年に世帯の67%までが単身世帯となってしまっている。こうした地域ではすでに地域の3分の2の世帯が家族を形成し得なくなっているということになる。もちろんこれほど単身世帯率の高い市町村はなおごく少数であるが、それでも、2005年からの5年間に単身世帯率25%未満の市町村の数は軒並み減少して、単身世帯率25%から30%台が

表21　世帯数等の市町村ごとの平均値とその増加率

	2005年	2010年	増加率
人口	73,010	73,175	100.2
世帯数	28,324	29,686	104.8
核家族世帯	16,171	16,690	103.2
単身世帯	8,168	9,591	117.4
高齢者単身世帯	2,195	2,737	124.7
高齢者夫婦世帯	2,561	3,000	117.1

表22　単身世帯率の変化

	2005年		2010年		増減
	市町村数	%	市町村数	%	
10%未満	12	0.7	3	0.2	-9
10〜	169	9.7	78	4.5	-91
15〜	441	25.2	319	18.2	-122
20〜	466	26.6	452	25.8	-14
25〜	353	20.2	445	25.4	92
30〜	186	10.6	266	15.2	80
35〜	63	3.6	100	5.7	37
40〜	30	1.7	46	2.6	16
45〜	13	0.7	15	0.9	2
50〜	9	0.5	9	0.5	0
55〜	7	0.4	10	0.6	3
60〜	1	0.1	7	0.4	6
合計	1,750	100.0	1,750	100.0	0

大きく増加しており、単身世帯の割合が世帯の3分の1を超えている市町村が、2005年には20％に満たなかったのに対して、全国の市町村の4分の1までに広がっている。世帯規模の縮小とともに、家族の脆弱化を明瞭に示しているといわざるを得ない。

家族の縮小・脆弱化は、このように全国的に進行しているが、とりわけどのような地域で進行しているのか検討する必要がある。**表23**は、地方別に単身世帯の割合を示したものである。ここからは、東北と北陸では、単身世帯の割合の低い市町村が多く、単身世帯が40％を超える市町村はごく少数であること、それに対して、北海道では単身世帯の割合が30～40％台の市町村が6割に及んでいること、しかし、最も単身世帯の割合の高い市町村を含んでいるのは関東であること、その他の地方はおおむね20％台の市町村が過半数を占めていること、などが読み取れる。また、四国でも単身世帯の増加の兆しが見られることもあげられる。こうした地方別の差異を見たときに想像されるのは、農業の比重の高い地域では世帯の規模が大きく、単身世帯の割合が低いのに対して都市的な地域で家族の脆弱化が一層進行しているのであろうと言う想定である。これは一部妥当するようであるが、いささか異なる要素が生じていることも見逃すことはできない。それは**表24**に見る産業別人口構成との関連から読み取れる事柄である。

ここでは、第1次・第2次・第3次それぞれの産業別就業人口の割合をもと

表23 地方別に見た単身世帯率別の市町村の割合

	20％未満	20～	30～	40～	50～	60～	合計	市町村数
北海道	2.3	37.4	53.1	6.7	0.6	0.0	100.0	179
東北	45.6	44.7	8.3	1.3	0.0	0.0	100.0	228
関東	21.6	47.6	16.9	7.8	4.1	1.9	100.0	319
北陸	50.7	42.0	5.0	2.4	0.0	0.0	100.0	81
東海	26.5	61.0	11.4	1.2	0.0	0.0	100.0	238
近畿	23.7	56.9	15.4	3.9	0.0	0.0	100.0	227
中国	19.2	56.8	23.9	0	0.0	0.0	100.0	109
四国	8.5	55.3	35.1	1.1	0.0	0.0	100.0	94
九州・沖縄	13.1	56.0	26.6	2.2	1.8	0.4	100.0	275
合計	22.9	51.2	20.9	3.5	1.2	0.4	100.0	
市町村数	400	897	366	61	19	7		1,750

表24 産業別人口構成と単身世帯の割合との関連

	第3次産業中心	第3次産業優位	第1次産業優位	第2次産業優位	第2次産業中心	合計	市町村数
10%未満	-	-	-	**33.3**	**66.7**	100	3
10〜	14.1	17.9	2.6	**38.5**	**26.9**	100	78
15〜	7.5	29.2	2.2	**42.0**	**19.1**	100	319
20〜	16.8	**40.5**	3.5	**31.2**	8.0	100	452
25〜	26.1	**44.0**	**6.5**	17.5	5.8	100	445
30〜	**48.5**	28.2	**10.2**	10.5	2.6	100	266
35〜	**53.0**	27.0	**9.0**	10.0	1.0	100	100
40〜	**54.3**	30.4	4.3	6.5	4.3	100	46
45〜	**80.0**	13.3	**6.7**	-	-	100	15
50〜	**100.0**	-	-	-	-	100	9
55〜	**80.0**	20.0	-	-	-	100	10
60〜	**57.1**	14.3	-	**28.6**	-	100	7
全国計	26.7	34.7	5.3	24.4	8.9	100	
市町村数	467	607	93	427	156	1,750	

に、市町村を5つのクラスターに分けた結果を利用している。1,750の全市町村のうち、467（26.7%）が第3次産業中心の市町村であり、156（8.9%）が第2次産業中心の市町村である。第1次産業中心という市町村は見られないが、93（5.3%）が第1次産業が優位の市町村である。これら産業構造の詳細については後述にゆずる。

表24では、単身世帯の割合について各クラスターにおいて、市町村全体の数値を上回っている部分を太字にして示してある。注目されるのは、単身世帯の割合の大きい市町村が第3次産業中心のクラスターに多いということ、第1次産業優位の市町村はそれに続くものの、いずれかといえば分散している。単身世帯の最も少ないのが、第2次産業中心の市町村である。先に見た関東の単身世帯の割合の高さは、第3次産業中心とも響きあう都市的地域を意味していよう。また、東北や北陸の場合は、農業地域というよりも、製造業などの第2次産業を中心とする地域、あるいは、第2次・第3次産業の混在する地域を意味しているということになるのではないかと思われる。

同様の傾向は、**表25**に見るように、世帯規模との関連においても見出される。ここでも全体の比率を上回っているセルを太字にして示したが、産業

第1部　現代日本の地域格差　43

表25　産業別人口構成と世帯規模との関連

	第3次産業中心	第3次産業優位	第1次産業優位	第2次産業優位	第2次産業中心	合計	市町村数
1.5人～	73.7	13.2	-	10.5	2.6	100	38
2人～	48.5	29.8	11.7	9.9	-	100	171
2.3人～	45.8	34.1	9.4	8.4	2.3	100	299
2.5人～	27.9	41.4	5.0	20.4	5.2	100	555
2.8人～	11.4	40.9	2.2	34.2	11.4	100	325
3人～	6.9	24.6	2.4	44.4	21.6	100	333
3.5人～	13.8	13.8	6.9	31.0	34.5	100	29
全国計	26.7	34.7	5.3	24.4	8.9	100	
市町村数	467	607	93	427	156		1,750

別人口構成から見ると、最も世帯規模の小さいのは、第3次産業中心ないし優位の市町村であり、逆に最も大きいのは、第2次産業中心ないし優位の市町村である。第1次産業優位の市町村の内には、世帯員数3.5人以上という大きい世帯も見られるが、むしろ2人から2.5人までのかなり小さい世帯に比重があることが注目される。農業の動向については後にやや詳しく検討するが、農業分野においても高齢化と小家族化が目立って進行していることを思わせる結果となっている。

7　産業別人口構成

次に産業別人口構成などについて、見ていくこととしたい。先に産業別人口構成に基づいて全国の市町村を5つのクラスターに分けた結果についてふれたが、そこで2010年には、全国の市町村の内の6割が第3次産業を中心とするか優位とする市町村であり、3分の1が第2次産業を中心または優位とする市町村であることを示しておいた。これらのクラスターの特徴をそれぞれのクラスターの産業別人口構成比によって確認しておく。**表26**として示す3つの表から、以下のように素描することができる。

まず、第1次産業優位のクラスターに含まれる市町村は、第1次産業人口が10～20%程度であり、10%を超える市町村はこのクラスター以外には見ら

れない。これらの市町村では、第3次産業人口が、50〜70％と過半を占めているが、第2次産業人口はほとんどが20％未満であり、第3次産業中心の市町村についで低い割合を示している。要するに、第3次産業が主体の市町村の内で第1次産業人口が他に比べて多い市町村がここに含まれているということになる。

　第2次産業中心の市町村は第2次産業人口が40％以上、第2次産業優位の市町村は30％以上と見ることができる。これらの市町村の場合にも、第3次産

表26(1)　各クラスターの第1次産業人口の割合別市町村数

	第3次産業中心	第3次産業優位	第1次産業優位	第2次産業優位	第2次産業中心	合計
1％未満	263	259	-	173	85	780
1％〜	69	135	-	94	26	324
2％〜	42	76	-	58	18	194
3％〜	29	50	-	36	9	124
4％〜	21	28	-	28	4	81
5％〜	38	59	22	36	8	163
10％〜	5	-	40	2	4	51
15％〜	-	-	21	-	2	23
20％〜	-	-	5	-	-	5
25％〜	-	-	5	-	-	5
合計	467	607	93	427	156	1,750
構成比	26.7	34.7	5.3	24.4	8.9	100

表26(2)　各クラスターの第2次産業人口の割合別市町村数

	第3次産業中心	第3次産業優位	第1次産業優位	第2次産業優位	第2次産業中心	合計
10％未満	45	-	3	-	-	48
10％〜	353	9	26	-	-	388
20％〜	69	490	53	1	-	613
30％〜	-	108	11	340	1	460
40％〜	-	-	-	86	90	176
50％〜	-	-	-	-	53	53
60％〜	-	-	-	-	11	11
70％〜	-	-	-	-	1	1
90％〜	-	-	-	-	-	-
合計	467	607	93	427	156	1,750
構成比	26.7	34.7	5.3	24.4	8.9	100

表26（3）　各クラスターの第3次産業人口の割合別市町村数

	第3次産業中心	第3次産業優位	第1次産業優位	第2次産業優位	第2次産業中心	合計
10%未満	-	-	-	-	-	-
10%～	-	-	-	-	-	-
20%～	-	-	-	-	1	1
30%～	-	-	-	-	12	12
40%～	-	-	3	-	77	80
50%～	-	-	24	159	66	249
60%～	-	206	55	268	-	529
70%～	153	401	11	-	-	565
80%～	284	-	-	-	-	284
90%～	30	-	-	-	-	30
合計	467	607	93	427	156	1,750
構成比	26.7	34.7	5.3	24.4	8.9	100

業人口の比重は大きく、第2次産業中心の市町村で40％以上60％未満、優位の市町村では50％以上70％未満が第3次産業ということになっている。第2次産業優位の市町村でも人口構成の過半を占めるのは第3次産業であり、第2次産業中心の市町村の場合にも、その多くが第3次産業が過半の市町村となっている。

　これに対して、第3次産業中心の市町村では、第3次産業の割合が70％以上、優位の市町村では60～80％と、文字通り大部分が第3次産業人口ということになる。これらの市町村では、第2次産業人口の割合は低く、第3次産業中心の場合には10％台、優位の場合には20％台がほとんどであり、他のクラスターの場合には多分に各産業従事人口が混在している形であったのに対して、第3次産業従事者に特化している傾向が指摘できよう。

　市町村の規模などによって、その産業別人口構成には、大きな差異が見られる。東京特別区と政令指定都市では、そのすべてが第3次産業中心または優位となっている。中核市・特例市の場合にも例外的に第2次産業の多い市が含まれるにとどまる。特に第3次産業中心の市町村は、市の規模が小さくなるにつれて規則的に少数派になっている。一方、第2次産業中心の場合には人口5千以上の町村で比較的多く見られ、優位の市町村も人口10万未満の

表27　市町村分類別に見た産業別人口構成別市町村の割合

	第3次産業中心	第3次産業優位	第1次産業優位	第2次産業優位	第2次産業中心	合計	市町村数
特別区	78.3	21.7	-	-	-	100.0	23
政令指定都市	73.7	26.3	-	-	-	100.0	19
中核市	67.5	30.0	-	-	2.5	100.0	40
特例市	51.4	37.8	-	10.8	-	100.0	37
市10万以上	35.1	45.0	-	18.1	1.8	100.0	171
市5万以上	23.1	45.1	-	28.0	3.8	100.0	264
市5万未満	19.9	44.1	0.4	28.5	7.0	100.0	256
町村2万以上	26.6	29.4	0.6	28.2	15.3	100.0	177
町村1万以上	18.4	32.6	5.0	28.7	15.2	100.0	282
町村5千以上	19.0	25.2	12.8	25.6	17.4	100.0	242
町村3千以上	27.5	22.5	17.5	26.7	5.8	100.0	120
町村3千未満	32.8	25.2	21.0	16.8	4.2	100.0	119
全国計	26.7	34.7	5.3	24.4	8.9	100.0	
市町村数	467	607	93	427	156		1,750

表28　地方別に見た産業別人口構成別の市町村の構成

	第3次産業中心	第3次産業優位	第1次産業優位	第2次産業優位	第2次産業中心	合計	市町村数
北海道	34.6	29.1	23.5	10.6	2.2	100.0	179
東北	11.8	34.2	5.7	33.3	14.9	100.0	228
関東	34.2	36.1	0.6	21.3	7.8	100.0	319
北陸	9.9	29.6	2.5	46.9	11.1	100.0	81
東海	13.0	31.5	2.1	33.2	20.2	100.0	238
近畿	30.4	35.2	0.4	25.6	8.4	100.0	227
中国	22.0	43.1	4.6	23.9	6.4	100.0	109
四国	28.7	35.1	7.4	26.6	2.1	100.0	94
九州・沖縄	40.0	37.5	5.8	13.8	2.9	100.0	275
全国計	26.7	34.7	5.3	24.4	8.9	100.0	
市町村数	467	607	93	427	156		1,750

市と町村に見出される。第1次産業優位の町村は、規模の小さい町村に集中している。

また、地方別に見ると、**表28**のようになる。第3次産業中心の市町村の割合が大きいのは、九州沖縄・北海道・関東・近畿であるが、第3次産業中心と優位をあわせた第3次産業関連の市町村の割合を見ると、関東が70％を占

めて大きく、北海道・近畿・中国・四国・九州沖縄が65％前後で並んでいる。第2次産業中心の市町村は、東海・東北・北陸に多く、第2次産業中心と優位をあわせると、北陸と東海で半数を超えている。第1次産業優位の町村が多いのは北海道で関東・近畿には例外的に見られるに過ぎない。

　この様に、今日の各市町村の産業別人口構成を見ると、第3次産業の比重が極めて大きくなっていることが明らかになる。さらに、2005年と2010年との産業別人口構成を対比してみると、この5年の間に、かなり大きく第3次産業人口の拡大が見られたことが明らかになる。すなわち、5年前に、第3次産業人口が65％未満であった市町村では、少しずつ第3次産業人口の割合の大きい方向に移行しており、構成比65％未満の階層では市町村数を減じている。他方、65％以上の市町村はその数を増やしている。とりわけ55％未満の市町村の減少が目を引く。他方で2010年には70％以上の市町村が大きく増えている。ここからは第3次産業人口の割合が全体的に伸びていることを指摘することができる。

　これに対して、第2次産業の場合には、2005年に20％から40％であった市

表29　産業別人口比別の市町村数の推移

(1) 第2次産業人口構成比

	2005年市町村数	2010年市町村数	増減数
10％未満	19	48	29
10～	72	144	72
15～	235	244	9
20～	342	297	-45
25～	404	316	-88
30～	334	267	-67
35～	212	193	-19
40～	100	111	11
45～	28	65	37
50～	4	36	32
55～	0	17	17
60～	0	9	9
65～	0	3	3
合計	1,750	1,750	0

(2) 第3次産業人口構成比

	2005年市町村数	2010年市町村数	増減数
35％未満	9	4	-5
35～	26	9	-17
40～	91	27	-64
45～	218	53	-165
50～	314	89	-225
55～	313	160	-153
60～	277	230	-47
65～	216	299	83
70～	166	312	146
75～	79	253	174
80～	31	189	158
85～	7	95	88
90～	3	30	27
合計	1,750	1,750	0

町村が減少し、それより第2次産業人口の割合の低い市町村とより高い市町村が増加するという、ある種両極分解的な様相を示している。この5年間に第2次産業人口は、若干の市町村で増加しながらも、全体的には減少し、第3次産業化を進めたものということができよう。そしてこの変化の幅はかなり大きいものがあると見なければならないであろう。

8 製造業と商業

表30は各市町村における第2次産業と第3次産業の概要を示したものである。この表の平均値によって、平均的な市町村の状況を素描すると以下のようになろうか。平均的な市町村には、3,400あまりの事業所があり、そのうち20%ほどの642が第2次産業の、77%ほどの2,800が第3次産業の事業所である。これらの従業者は、第2次8,100人、第3次27,600人ほどで、事業所数の比率とほぼ同じ程度で構成されている。事業所あたりの従業者数を見ると、第2次産業では11人、第3次産業では8人程度ということになる。もちろん

表30 市町村における第二次・第三次産業の概況

	平均値	最小値	最大値
事業所数	3,453	29	209,636
第二次産業事業所数	642	2	33,858
第三次産業事業所数	2,792	22	175,724
事業所総数に占める第二次産業事業所の割合（%）	21.4	3.9	54.4
事業所総数に占める第三次産業事業所の割合（%）	76.7	45.3	94.7
従業者数	35,908	105	2,454,646
第二次産業従業者数	8,101	9	424,944
第三次産業従事者数	27,585	75	2,028,779
従業者に占める第二次産業従業者の割合（%）	28.0	1.9	71.3
従業者に占める第三次産業従業者の割合（%）	69.4	27.6	96.7
第二次産業事業所当り従業者数	11.6	1.5	56.23
第三次産業事業所当り従業者数	7.7	2.36	35.7
商業事業所当り従業者数	5.8	1.29	20.91
製造業従業者当り製造品出荷額（百万円）	24.5	0	446.2
商業事業所当り商品販売額（百万円）	136.8	1	999.3
商業従業者当り商品販売額（百万円）	22.3	2.56	342.9

これらは全市町村の数値を平均したものであり、市町村の規模も大きく異なり、また産業の構成も多様であるだけに、それぞれの最小値と最大値には当然のことながら大きな開きがある。

　第2次産業の事業所の規模について見ると、個々の事業所の規模は大規模から中小規模まで分化しているものの、市町村単位にまとめて見ると、**表31**に見るように、10人から15人の規模を中心に7人から15人の規模に3分の2が含まれる。20人以上は7%弱に過ぎない。しかしながら、第2次産業事業所の市町村単位の規模の大きい市町村のほとんどは、第2次産業中心や優位の市町村に集中している。第2次産業中心の市町村は全体の9%に過ぎないが、第2次産業従業員規模30人以上の市町村では、その67%が第2次産業中心となっている。一方、第2次産業従業員規模が5人未満の市町村では60%、7人未満では50%が第3次産業中心であり、第2次産業中心と対照をなしている。

　なお、第3次産業の事業所当り従業員数は、6人未満が22.1%、6〜8人が37.4%、8〜10人が27.3%、10人以上が13.2%と第2次産業の場合に比べてかなり小規模であることも関係するのか、このような産業構成との関連は希薄である。

　ところで、2005年と2010年の商店数などを見ると、地域における商業施設の配置にはかなり大きな変化が生じていることが眼を引く。**表32**に示す

表31　産業構成別に見た第2次産業事業所当り従業者数別市町村の割合

	第3次産業中心	第3次産業優位	第1次産業優位	第2次産業優位	第2次産業中心	合計	市町村数	構成比
5人未満	60.0	22.9	4.3	12.9	-	100	70	4.0
5〜	53.6	18.9	6.6	19.4	1.5	100	196	11.2
7〜	31.1	39.5	7.6	17.8	4.1	100	512	29.3
10〜	22.1	40.6	3.3	28.8	5.3	100	646	36.9
15〜	7.8	31.7	-	39.5	21.0	100	205	11.7
20〜	2.8	18.1	-	40.3	38.9	100	72	4.1
25〜	4.5	9.1	-	36.4	50.0	100	22	1.3
30〜	7.4	7.4	-	18.5	66.7	100	27	1.5
全体	26.9	34.2	4.3	25.5	9.0	100		100.0
市町村数	470	599	76	447	158	1,750	1,750	

表32 商業施設数別市町村の推移

(1) 小売店と飲食店の店数別市町村数

	小売店			飲食店		
	2005年	2010年	増減	2005年	2010年	増減
	市町村数	市町村数	市町村数	市町村数	市町村数	市町村数
なし	0	12	12	3	6	3
10店未満	11	84	73	100	136	36
10～	69	114	45	272	271	-1
30～	99	106	7	177	182	5
50～	100	127	27	131	123	-8
70～	132	503	371	147	146	-1
100～	493	251	-242	465	459	-6
300～	261	169	-92	152	148	-4
500～	158	128	-30	91	83	-8
700～	148	185	37	59	56	-3
1,000～	198	48	-150	115	106	-9
3,000～	54	23	-31	24	20	-4
5,000～	27	0	-27	14	14	0
合計	1,750	1,750	0	1,750	1,750	0

(2) 大型小売店と百貨店の店数別市町村数

	大型小売店		
	2005年	2010年	増減
	市町村数	市町村数	市町村数
なし	485	485	0
1店	203	0	-203
2	161	191	30
3	112	151	39
4～	173	216	43
6～	120	147	27
8～	98	140	42
10～	79	104	25
13～	45	42	-3
15～	75	66	-9
20～	68	72	4
30～	48	51	3
50～	37	35	-2
70～	20	26	6
100～	26	24	-2
合計	1,750	1,750	0

	百貨店		
	2005年	2010年	増減
	市町村数	市町村数	市町村数
なし	977	955	-22
1店	356	322	-34
2	177	175	-2
3	74	88	14
4	45	56	11
5	30	41	11
6	24	28	4
7	19	13	-6
8	10	20	10
9	6	9	3
10～	32	43	11
合計	1,750	1,750	0

ように、小売店の減少、大型小売店や百貨店の増加という傾向が明らかになっている。すなわち、市町村内に小売店がないという地域が、05年にはなかったにもかかわらず2010年には12市町村を数えている。そして、市町村内に100店未満という市町村はこの間に大きく増加し、順次小売店の数を減らしていることが見出される。一方で100店以上を擁する市町村は各階層で減少しており、多くの小売店が所在する都市などでも店舗数の減少が進んでいることが見てとれる。それに対して、大型小売店では、それが所在しない市町村数には変化がないものの、店舗数の少ない地域で特にこの5年間に増加の傾向を見ることができ、百貨店の場合にも同様の傾向がうかがえる。要するに、小売店が減少して、大型小売店や百貨店に集中する傾向が進んでいるということであり、地域の購買力は変化があまり見られないがスーパーなどにおされて店舗数が減少して住民の便益は低下してきていることが指摘されよう。多くの地方都市で指摘されるシャッター通りや空き店舗の急増などという問題は、統計数値の上にも現れてきているといえよう。なお、それに対して飲食店の変化はごく小さいことも留意されよう。

　先に2005年と2010年の産業別人口の構成を検討し、この間に第2次産業から第3次産業への移行がかなりの規模で進んだことを見た。またこの間に小売店からスーパーなどの大型商業施設への移行などの動向を見たのであるが、この5年間の製造業の年間製造業出荷額や、商業の年間商品販売額の市町村別の推移を見ると、両者ともに5年間の変動はごく小さいことを指摘しなければならない。**表33**は、この5年間の前後の各市町村の製造品出荷額を、また**表34**は商品販売額を表示したものである。二つの表ともに、5年間の変化が極めて小さいことを示している。従業員の構成では、多分に大きな変化が見られたにもかかわらず、製造業ないし第2次産業、商業ないし第3次産業の活動自体の変化は小さいということになるのであろうか。あるいは、市町村ごとの年間商品販売額は、その地域の購買力を示しているともいうことができよう。その意味では、この間の地域ごとの購買力には大きな変化がなかったということになるのかもしれない。

　製造品出荷額や商品販売額は、それぞれの市町村内の事業所の合算値であ

表33　製造品出荷額別市町村数の構成

	2010年		2005年	
	市町村数	構成比	市町村数	構成比
なし	68	3.9	57	3.3
5億円未満	51	2.9	51	2.9
5億円～	54	3.1	55	3.1
10億円～	120	6.9	127	7.3
30億円～	88	5.0	77	4.4
50億円～	83	4.7	71	4.1
70億円～	77	4.4	76	4.3
100億円～	289	16.5	283	16.2
300億円～	171	9.8	189	10.8
500億円～	113	6.5	91	5.2
700億円～	111	6.3	113	6.5
1,000億円～	301	17.2	313	17.9
3,000億円～	93	5.3	96	5.5
5,000億円～	131	7.5	151	8.6
合計	1,750	100	1,750	100

表34　商品販売額別市町村数の構成

	2010年		2005年	
	市町村数	構成比	市町村数	構成比
5億円未満	42	2.4	38	2.2
5～	35	2.0	32	1.8
10～	119	6.8	109	6.2
30～	104	5.9	108	6.2
50～	86	4.9	96	5.5
70～	99	5.7	94	5.4
100～	349	19.9	361	20.6
300～	176	10.1	165	9.4
500～	132	7.5	137	7.8
700～	127	7.3	115	6.6
1,000～	291	16.6	298	17.0
3,000～	53	3.0	58	3.3
5,000～	137	7.8	137	7.8
合計	1,750	100	1,750	100

表35　製造品出荷額および年間商品販売額の上位10市

製造品出荷額（百万円）			年間商品販売額（百万円）		
豊田市	愛知	9,107,267	大阪市	大阪	47,300,506
市原市	千葉	4,277,443	千代田区	東京	42,649,974
大阪市	大阪	3,747,543	中央区	東京	42,262,766
川崎市	神奈川	3,473,586	港区	東京	37,179,155
倉敷市	岡山	3,322,180	名古屋市	愛知	30,257,325
横浜市	神奈川	3,288,715	福岡市	福岡	13,912,548
名古屋市	愛知	3,167,885	横浜市	神奈川	9,788,249
神戸市	兵庫	2,858,451	札幌市	北海道	8,799,871
堺市	大阪	2,645,259	仙台市	宮城	8,191,165
四日市市	三重	2,230,671	広島市	広島	7,696,680

り、市町村の規模や産業構成に基づいて、表示のように全体的には大きな開きがある。これらのうち、最も高額の10市をあげると、**表35**のようになる。製造品出荷額の場合は、豊田市を筆頭にわが国を代表する工業地帯をもつ都市が顔を並べる。また、年間商品販売額の場合には、大阪市がトップの位置を占めるが、それにすぐ続いて東京の都心3区が並び、各地方の中心都市がそれに続いている。人口253万の大阪市に人口4万6千の東京千代田区が接近していることを見ると、商業の町大阪がトップにあることとともに、東京の集積の大きさを改めて確認することになるであろう。

　製造品出荷額や年間商品販売額を、そのまま検討することも興味のあることではあるが、一面からすれば、大きな市はこれらの金額が大きく、小さな村では小さいということに終わってしまうように思われる。これらについて市町村ごとの比較をしようとすれば、何らかの加工が必要になる。ここではこれらの数値に基づいて、それぞれの地域の経済的な活力や住民の購買力を推測する手がかりとしたいと考える。それには、市町村の規模による大小を揃える必要がある。この場合、いくつかの方法が考えられる。製造業の事業所の数で製造品出荷額を除したり、商店数などで商品販売額を除すなどして、事業所や商店あたりの単価にするのは一つの方法であろう。**表36**は、第2次産業事業所当り製造品出荷額の上位10市町村を列挙したものである。第2次産業事業所数は、先に示したように、地域によって大きな差異があり、少数

表36 事業所当り製造品出荷額の上位の市町村

市町村名	県名	製造品出荷額（百万円）
直島町	香川	6,132.28
伊賀市	三重	5,055.23
苅田町	福岡	4,134.19
亀山市	三重	3,705.12
宮若市	福岡	3,659.38
幸田町	愛知	2,953.01
鈴鹿市	三重	2,924.75
和木町	山口	2,860.54
里庄町	岡山	2,790.80
豊田市	愛知	2,742.33

の規模の大きい事業所の所在する地域と規模の小さい事業所が多数所在する地域とでは、事業所当りの出荷額に開きが出てくるので、この数値の受け止めは一様にはいかないように思われる。

　表35とはかなり異なった地域が表示されるので、いくつかの市町についてコメントを加えておこう。トップにあがった香川県直島町は高松市の北、瀬戸内海の人口3,259の島嶼からなる離島であるが、三菱マテリアル精錬所が置かれ、古くから精錬の町として発展してきたところである。福岡県苅田町は、大正期からセメント工業が盛んであったが、1970年代から自動車産業を誘致し、日産やトヨタの工場が操業している。三重県亀山市にはシャープ電機の工場がありテレビの「亀山モデル」といわれる製品を出荷して有名である。また、福岡県宮若市にはトヨタ自動車の工場があり、愛知県幸田町は内陸工業団地を造成して工場を誘致した。山口県和木町は、瀬戸内工業地域の一角を占める形で工場地帯が広がり、三井化学・日鉱日石製油所などが操業している。

　このようなこともあって、事業所あたりの単価で地域の経済的活力や購買力をとらえるには、いささか間接的な接近の印象が強い。事業所が少ない、経済的活力の脆弱な地域が除数の小さいために数値を大きく見せることも考慮しなければならない。ここでは地域の経済的活力や購買力をとらえるという意味で、市町村の人口で除し、住民1人当りの数値に基づいてこれらの数値がどのような地域的差異を示すのか検討する。

　表37は、地域の産業構成と住民1人当りの製造品出荷額の関連を見たものである。1人当り製造品出荷額は、全体的には100万円未満が45％、100〜300万が35％、300万以上が20％であるが、第2次産業中心の市町村では、その60％が400万以上であり、一方、第3次産業中心や第1次産業優位では、

表37　産業構成別に見た住民1人当り製造品出荷額別市町村の構成

	100万未満	100万～	200万～	300万～	400万～	合計	市町村数	構成比
第3次産業中心	82.6	12.3	3.2	1.0	0.8	100	470	26.9
第3次産業優位	38.4	34.4	13.6	6.2	7.3	100	599	34.2
第1次産業優位	76.4	14.5	7.8	-	1.3	100	76	4.3
第2次産業優位	21.9	25.3	18.5	14.3	19.9	100	447	25.5
第2次産業中心	5.0	11.4	11.4	12.1	60.2	100	158	9.0
全体	44.7	23.2	11.7	7.1	13.3	100		100
市町村数	782	406	204	125	233		1,750	

100万未満が大部分を占める。

　一方、商品販売額について住民1人当りの金額を表示したのが**表38**である。第3次産業中心の市町村は全体の27%を占めるが、商品販売額300万以上の市町村では48%、500万以上では67%を占める。第2次産業中心は全体としては9%であるが、100万未満では10%以上を示すのに対して、300万以上では6%、500万以上では4%に過ぎない。

　これらから、第2次産業中心や優位の市町村では製造業出荷額が相対的に大きく、製造業の活力を見ることができ、第3次産業中心や優位の市町村では商業活動が活発で地域の購買力が高いということができよう。

表38　産業構成と住民1人当り商品販売額別市町村の関連

	第3次産業中心	第3次産業優位	第1次産業優位	第2次産業優位	第2次産業中心	合計	市町村数	構成比
50万未満	24.4	26.0	9.4	27.6	12.6	100	127	7.3
50万～	18.6	21.2	9.6	35.3	15.4	100	156	8.9
70万～	25.2	28.9	3.7	30.5	11.7	100	298	17.0
100万～	25.6	36.9	3.6	24.3	9.7	100	309	17.7
130万～	23.9	35.8	5.1	29.5	5.7	100	176	10.1
150万～	26.5	40.1	4.1	23.1	6.1	100	147	8.4
170万～	25.8	35.8	5.7	24.5	8.2	100	159	9.1
200万～	23.5	48.3	0.9	21.8	5.6	100	234	13.4
300万～	48.4	32.6	-	12.6	6.3	100	95	5.4
500万～	67.3	20.4	2.0	6.1	4.1	100	49	2.8
全体	26.9	34.2	4.3	25.5	9.0	100		100
市町村数	470	599	76	447	158		1,750	

それでは、具体的にはどのような市町村が、製造業出荷額や商品販売額の大きい市町村であり、どのような市町村がこれらの額が少なく、地域の経済力が脆弱であるのか検討することとしよう。**表39**は、住民1人当り製造品出荷額の大きい上位10市町村と、それが小さい下位の市町村を表示したものであるが、下位の市町村としては年間製造品出荷額が0という市町村が62あり、これを列挙した。出荷額0の市町村は、北海道10、九州沖縄17などが多

表39　住民1人当り製造品出荷額の上位下位10市町村

順位	上位十位			下位		
	市町村名	県名	数値	下記62町村では出荷額が0		
1	直島町	香川	71,928	北海道	新潟	福岡
2	竜王町	滋賀	47,587	雨竜町	粟島浦村	大任町
3	飛島村	愛知	37,650	北竜町	山梨	赤村
4	苅田町	福岡	32,036	中富良野町	早川町	長崎
5	幸田町	愛知	29,974	占冠村	山中湖村	小値賀町
6	宮若市	福岡	29,196	音威子府村	小菅村	熊本
7	六ケ所村	青森	28,559	初山別村	丹波山村	産山村
8	和木町	山口	24,219	中頓別町	長野	球磨村
9	湖西市	静岡	24,171	西興部村	南相木村	宮崎
10	里庄町	岡山	22,754	壮瞥町	平谷村	西米良村
				更別村	売木村	椎葉村
				青森	天龍村	鹿児島
				西目屋村	泰阜村	三島村
				佐井村	王滝村	十島村
				新郷村	和歌山	大和村
				福島	古座川町	知名町
				檜枝岐村	北山村	沖縄
				昭和村	島根	宜野座村
				葛尾村	海士町	渡嘉敷村
				群馬	西ノ島町	座間味村
				中之条町	知夫村	渡名喜村
				草津町	岡山	北大東村
				東京	新庄村	多良間村
				三宅村	西粟倉村	
				御蔵島村	高知	
				青ヶ島村	北川村	
				小笠原村	大川村	
					大月町	

数を占める。上位の市町村のうち、第1位の香川県直島町、福岡県苅田町、愛知県幸田町、福岡県宮若市は先にふれた。滋賀県竜王町にはダイハツ自動車の工場が、また愛知県飛島村は名古屋市に隣接し、臨海地区に鉄鋼関連の事業所や発電所などが操業している。これらはいずれも一定程度の製造業の展開が見られる地域であるが、中心的な工場地帯というよりも、周辺にあって人口規模がむしろ小さい町村であることから、相対的に除数が小さく上位に位置づくことになったものと見ることができる。住民1人当りの金額については、それによって地域の経済的活力の指標とするには、こうした問題点が含まれていることを考えねばなるまい。

　一方、**表40**は、年間商品販売額について、同様に住民1人当りの金額によって、上位と下位それぞれ10市町村を列挙したものである。ここでは、上位10市町村には、東京23区のうち、都心3区を筆頭に7区が顔を揃え、そのほかに、大阪市と愛知県の2町村が加わっている。東京の都心3区は、商品販売額自体も極めて多額である上に、これらの地域に居住する住民の数が多くない（千代田区48,260、中央区118,382、港区206,471）ことから、他の市町村を大きく引き離して上位を占めることになっている。愛知の2町村は、豊山町が人口14,002、飛島村が4,526と、除数が小さいことが影響しているものと見られる。そのことを考えれば、人口253万の大阪市があがっていることは注目に値しよう。名実ともに商人の町というべきかも知れない。下位の

表40　住民1人当り年間商品販売額の上位下位10市町村

順位	上位十位			下位十位		
	市町村名	県名	数値（千円）	市町村名	県名	数値（千円）
1	千代田区	東京	905,231	大川村	高知	88
2	中央区	東京	344,266	三島村	鹿児島	98
3	港区	東京	181,246	西目屋村	青森	120
4	渋谷区	東京	28,808	南山城村	京都	131
5	台東区	東京	28,049	十島村	鹿児島	132
6	豊山町	愛知	21,387	粟国村	沖縄	143
7	飛島村	愛知	18,698	北川村	高知	151
8	大阪市	大阪	17,747	安堵町	奈良	162
9	品川区	東京	16,888	佐那河内村	徳島	162
10	新宿区	東京	16,265	大和村	鹿児島	175

10町村には、九州沖縄の離島の4町村、四国の3村、近畿の2村などの山村が並ぶことになる。

9　農業の変化

　第1次産業については、人口構成に占める比重が多分に小さくなってしまっていることを先に示したところであるが、第1次産業のうちの主要なものとして農業について多少の検討を加えておこう。まず**表41**は、この5年間における農家率階層別の市町村数の推移を示したものである。世帯数に対する農家戸数の割合を農家率として示したものであるが、世帯数は国勢調査、農家戸数は農業センサスによっており、調査時期に半年ほどの差があるほか、世帯数と戸数とでは算出の微妙な差があるが、二つの時点を対比する場合にはそれらの点は無視できるであろう。農業センサスでは、経営耕地面積が30a以上、または年間の農産物販売額が50万円以上の農家を販売農家とし、それ以下の経営耕地面積10a以上の農家（自給的農家）を含めて農家と定めている。ここでは自給的農家を含めた農家全体を「総農家」とし、販売農家と

表41　農家率別の市町村数の推移

	総農家の農家率			販売農家の農家率		
	2005年	2010年	増減	2005年	2010年	増減
なし	17	16	-1	24	27	3
5％未満	407	471	64	603	695	92
5〜	293	315	22	347	353	6
10〜	235	237	2	230	256	26
15〜	215	212	-3	215	175	-40
20〜	165	139	-26	127	113	-14
25〜	110	125	15	94	62	-32
30〜	121	89	-32	51	41	-10
35〜	70	69	-1	35	14	-21
40〜	52	34	-18	12	8	-4
45〜	65	43	-22	12	6	-6
合計	1,750	1,750	0	1,750	1,750	0

あわせて表示した。なお、農業センサスでは、総農家については、戸数と経営耕地面積などのごくわずかの統計数値を示すのみであり、もっぱら販売農家のみを対象として農家の特性を調査している。したがって、ここでは総農家と販売農家の両者について表示したが、以下の農業についての検討は販売農家のみについての検討ということになる。

　表41の結果は、興味深い内容を表している。すなわち、2005年から2010年までの農家戸数の動きを見ると、総農家に関しては、この間の変化は農家率の低い市町村が増加する傾向を示してはいるものの、その変化は、販売農家の場合に比べてはるかに小さいと見ることができる。一方、販売農家の場合には、15％未満、特に5％未満の市町村が2010年には大きく増加し、15％以上の市町村は軒並み減少している。この間に販売農家の減少が進んだことを表している。それにもかかわらず総農家の場合には減少がより緩やかであるということは、販売農家の減少が農業からの離脱を意味するわけではなく、そのかなりの部分は自給的農家に移行し、あるいは自給的農家はごくわずかの減少しか示していないということを意味しているものと思われる。きわめて規模の小さい零細農家の滞留という現象は依然として解消されぬまま、産業としての農業生産を担っている販売農家の多分に急速な減少が見られるということができる。農業センサスの全国集計によれば、2005年に196万3千戸を数えた販売農家は、2010年には163万1千戸に減少したのに対して、自給的農家は88万5千戸から89万7千戸に増加しているのである。農家率別に見た市町村数の推移も、この結果に対応するものであるということができよう。

　総農家のうちの35％が自給的農家であり、販売農家はほぼ3分の2にすぎないのであるが、その販売農家もそのうちの多くの部分はごくわずかの農産物販売額を上げているに過ぎない。すなわち、全国集計では、販売農家のうちで9.6％は販売額がなく、31.6％は年間50万円未満の販売額しか上げていない。販売農家は、耕地面積30a以上、または販売額50万円以上とされているが、耕地面積30a以上でほとんど農産物の販売を行っていない農家がほぼ4割を占めているということになる。これらを準自給的農家と見れば、実質

的な販売農家は100万戸程度ということになる。

　販売農家のうちでどの程度が実質的な販売農家と見られるかという点については、地域的な差異が当然想定される。**表42**は販売農家のうちで農産物販売額が0または50万円未満の割合別の市町村を表示したものである。

　表に見るように、北海道とその他の地方との差異が極めて大きいことが眼を引く。北海道では、準自給的農家とも言うべき農家の割合が10%に満たない市町村が63%におよんでおり、ほとんど1桁台の他の地方と大きな差異を示している。逆にこの割合が大きく、実質的販売農家の割合が低い地方は中国で、8割ほどの市町村が販売農家の半数以上がこれに当たることになる。そ

表42　農産物販売額50万円未満の販売農家の割合別市町村の地方別分布

	なし	10%未満	10〜	30〜	50〜	70〜	合計	市町村数
北海道	4.5	58.7	27.4	6.2	1.1	2.3	100	179
東北	0.4	2.6	38.6	31.6	20.1	6.6	100	228
関東	5.3	3.4	28.9	36.1	24.1	2.2	100	319
北陸	1.2	7.4	38.3	22.2	23.5	7.4	100	81
東海	0.0	3.4	14.3	24.3	26.8	31.1	100	238
近畿	1.8	1.3	6.6	23.3	31.8	35.2	100	227
中国	0.9	0.0	2.8	15.6	49.6	31.2	100	109
四国	1.1	3.2	13.9	28.8	41.5	11.8	100	94
九州・沖縄	1.5	4.0	28.4	34.9	23.2	8.0	100	275
全国計	2.1	8.7	23	26.7	24.9	14.5	100	
市町村数	37	153	403	467	437	253		1,750

表43　農産物販売額1,000万円以上の農家の割合別市町村の地方別分布

	なし	5%未満	5〜10%	10〜30%	30〜	合計	市町村数
北海道	5.6	0.6	1.7	16.8	75.4	100	179
東北	3.1	58.8	29.8	7.5	0.9	100	228
関東	10.7	40.5	25.1	20.4	3.4	100	319
北陸	2.5	81.5	13.6	2.5	0.0	100	81
東海	5.5	54.6	18.5	18.9	2.5	100	238
近畿	13.7	69.6	10.1	6.1	0.4	100	227
中国	9.2	84.5	5.5	0.9	0.0	100	109
四国	4.3	59.5	21.2	11.7	3.2	100	94
九州・沖縄	6.9	42.5	24.8	23.6	2.2	100	275
全国計	7.4	50.5	18.5	14.3	9.4	100	
市町村数	130	883	323	250	164		1,750

れについで近畿の66％、東海の57％、四国の53％などが続く。

一方、農産物販売額が1,000万円以上の農家は販売農家の7.4％を占めているが、この分布にも地方別に見ると大きな差異が見られる。ここでも北海道とその他の地方との差異が大きい。北海道では販売農家の3割以上が1,000万円以上の販売額を上げているという市町村が75％を占めており、2％・3％といったごく少数の市町村のみを数える関東・四国・東海・九州沖縄などと際立った違いを見せている。逆に、1,000万円以上の農産物販売農家が少ない市町村が多いのは、中国・北陸・近畿などであり、九州沖縄・関東・東海・東北・四国などがその中間に位置している。なお、全国統計で見ると、販売農家に占める1,000万円以上の農産物販売額を上げている農家は、2005年には14万4千戸（全体の7.35％）であったが、2010年には全体の7.38％と微増したものの戸数としては12万戸に減少してしまっている。

この間に農家の規模拡大は進んだのであろうか。**表44**は、各市町村の販売農家の経営規模の平均を示しているが、これを見ると、平均規模が1ha未満の市町村数が減少し、1～5haの市町村の増加が見られる。しかし、この結果については、当然予想されるように地域的な差異が大きいことを考慮しなければならない。**表45**は、2010年の状況を地方別に示したものである。

平均経営規模5ha以上の市町村はほとんどが北海道に所在する。これらは2005年と比べてあまり増減していないようである。2005年から減少を見せた1ha未満の市町村は、近畿・東海・関東などに多く、中国・四国もその比重が大きい。東北・関東・北陸などに平均経営規模が2haを超える市町村が増えてきていることは、これらの地域での規模拡大が一定程度進んでいるものと想定される。

表44　平均経営規模別市町村数の推移

	2005年	2010年	増減
なし	29	27	-2
50a未満	64	39	-25
50a～	726	633	-93
1ha～	408	443	35
1.5ha～	202	234	32
2ha～	126	164	38
3ha～	30	48	18
5ha～	34	30	-4
10ha～	59	59	0
20ha～	47	51	4
50ha～	15	22	7
	10	0	-10
合計	1,740	1,740	0

表45　2010年の販売農家の平均経営規模別市町村数の地方別分布

	なし	50a未満	50a〜	1ha〜	1.5ha〜	2ha〜	3ha〜	5ha〜	10ha〜	合計
北海道	5	-	-	2	1	4	11	25	131	179
東北	1	1	19	53	58	72	22	1	1	228
関東	14	10	112	89	56	31	6	1	-	319
北陸	1	-	7	26	23	23	1	-	-	81
東海	-	11	136	68	19	1	3	-	-	238
近畿	4	11	148	45	19	-	-	-	-	227
中国	1	1	67	38	2	-	-	-	-	109
四国	1	-	67	25	1	-	-	-	-	94
九州・沖縄	-	5	77	97	55	33	5	3	-	275
全国計	27	39	633	443	234	164	48	30	132	1,750
%	1.5	2.3	36.2	25.3	13.4	9.3	2.7	1.7	7.6	100

　農業の分野での問題点の一つは担い手の問題である。高齢化の進行が重要な問題となっている。農業センサスでは、農業に従事している人口について、農業従事者・農業就業人口・基幹的農業従事者の3者を区分し、そのほかに農業専従者をとらえて、それぞれについて調べている。農業従事者は「15歳以上の世帯員のうち、調査期日前1年間に自営農業に従事した者」であり、最も広い概念である。農業就業人口は「農業従事者のうち、自営農業のみか他の仕事についていても主に自営農業に従事した者」、さらに基幹的農業従事者は「農業就業人口のうち普段仕事として主に自営農業に従事しているもの」とされている。一方、農業専従者は「調査期日前1年間に自営農業に150日以上従事した者」とされている。

　これらの農業の担い手について、その平均年齢別に市町村の分布を示したのが図1である。これらのうちで、農業従事者は最も若い年齢層の比重の大きい市町村が多く、ピークは58歳になっている。農業就業人口と基幹的農業従事者は分布が似通っているが、従事者に比べて高齢層が多く66歳にピークがある。最も高齢層が多いのが農業専従者で70歳以上にピークがある。年間150日以上自家農業に従事するものは高齢者が多く、他産業に従事しながら休日などにのみ自家農業に従事するものを加えた農業従事者では年齢層がより若い層に広がっているということが示されている。

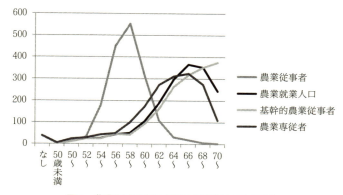

図1 農業従事者等の平均年齢別市町村の分布

　こうした状況をより詳しく見るために、農業センサスの全国集計によって、農業従事者と基幹的農業従事者についてその年齢別構成などを示したのが**表46**である。まず年齢別の構成比を見ると、農業従事者の方が若年層までを含んでいるのに対して、基幹的農業従事者には若年層が極めて少ないことが示されている。農業従事者では55歳以上、基幹的農業従事者では60歳以上になって一定の厚みを見せることになる。基幹的農業従事者では、65歳以上の高齢者の割合が男性で61.4%、女性で60.6%を占めており、75歳以上の後期高齢者が男性で30.2%、女性で26.8%、さらに80歳以上が男女ともに10%以上を占めており、担い手の高齢化がいちじるしいことが明らかになる。農業従事者に占める基幹的農業従事者の割合を見ると自家農業に従事したものの中で、普段農業に従事している実質的な担い手は、60歳以上で従事者の半数に達するが、それより若い年齢層では、ほとんどが他産業従事や家事などを主としていて、片手間の担い手が大部分であることが示されている。さらにこれら従事者の性別構成を見ると、40歳代・50歳代以上では、男女ほぼ同数の従事者が見られるが、それ以下の若い層では男性の比重が高いことも目を引く。農業が高齢夫婦によって担われ、それに数は少ないものの若い世代が他産業就業の傍ら従事しているという姿が浮かび上がってくる。

　農業の担い手の高齢化は急速に進行していると思われるが、当然、地域的にも、また経営状況にも規定されるものと思われる。ここでは各市町村の基

表46　農業従事者・基幹的農業従事者の年齢別構成等（全国統計）

	構成比				農業従事者に占める基幹的従事者の割合		男性比率	
	農業従事者		基幹的農業従事者				農業従事者	基幹的農業従事者
	男	女	男	女	男	女		
15～19歳	2.1	1.5	0.1	0.0	1.3	0.6	61.1	77.3
20～24	3.3	2.2	0.7	0.2	10.0	3.8	63.6	82.2
25～29	4.1	2.6	1.5	0.5	16.9	7.9	64.9	79.8
30～34	4.4	2.9	1.9	0.8	19.8	11.7	64.0	75.0
35～39	4.7	3.6	2.1	1.4	20.9	16.4	60.0	65.7
40～44	5.1	4.7	2.4	2.2	22.3	20.0	55.8	58.5
45～49	6.9	6.8	3.5	3.7	23.8	23.4	54.1	54.5
50～54	9.1	9.4	5.2	6.4	26.7	29.2	53.0	50.7
55～59	11.6	11.9	8.5	10.6	34.4	38.4	53.1	50.4
60～64	11.6	11.5	13.0	13.6	52.5	51.0	54.1	54.8
65～69	8.9	10.7	14.0	15.7	74.1	63.4	49.2	53.2
70～74	9.8	11.7	17.2	18.1	83.0	66.8	49.2	54.6
75～79	9.6	10.7	16.8	15.4	82.9	62.2	50.9	58.0
80～84	6.2	7.0	10.0	8.5	75.4	52.3	50.8	59.8
85歳以上	2.6	3.1	3.4	2.9	61.9	41.0	49.4	59.5
全国					47.2	43.0	53.7	56.0
合計	100.0	100.0	100.0	100.0				
実数	2,434,141	2,101,970	1,148,008	903,429				

幹的農業従事者の平均年齢について、その地方別の分布の違い、経営規模などに基づく違いについて見ておくこととする。

　まず地方別に見ると、ここでも北海道と他の地方との間に大きな差異があることが見られる。表のうち年齢層別に全国の市町村の平均値を上回っているセルを太字にして示しているが、太字の位置が地方ごとに異なっており、それぞれの地方の特色を反映したものとなっている。基幹的農業従事者の平均年齢が60歳未満の市町村は北海道では全道の6割ほどを数えるが、他の地方にはごく少数しか見られない。多くの地方で半数以上の市町村に見られるのが、平均65歳以上の市町村であり70歳以上という市町村も東海・北陸・近畿などで3～4割を占める。特に70～74歳の割合が大きいのが中国である。概観すると、中国が最も高齢者の比重が大きく、ついで東海・北陸・近畿があげられ、九州沖縄・東北が相対的に高齢者の比重が小さく、最も高齢者の

第1部 現代日本の地域格差

表47 地方別に見た基幹的農業従事者の平均年齢別市町村の割合

	なし	54歳未満	55～59	60～64	65～69	70～74	75～	合計	市町村数
北海道	6.1	25.1	41.3	22.9	3.9	0.6	-	100	179
東北	0.4	-	0.9	32.0	62.3	3.9	0.4	100	228
関東	5.0	0.3	2.8	25.1	53.9	12.9	-	100	319
北陸	1.2	-	1.2	1.2	56.8	39.5	-	100	81
東海	-	0.4	0.8	6.3	50.0	41.6	0.8	100	238
近畿	1.8	-	0.9	11.5	50.2	34.8	0.8	100	227
中国	0.9	-	0.9	0.9	22.0	75.2	-	100	109
四国	1.1	-	3.2	18.1	60.6	17.0	-	100	94
九州・沖縄	0.7	-	3.6	40.7	50.9	4.0	-	100	275
全国計	2.1	2.7	5.9	20.9	46.9	21.1	0.3	100	
市町村数	37	47	104	366	821	370	5		1,750

比重の低いのが北海道ということになるであろう。

次に経営規模別に見ると経営面積と基幹的農業従事者の平均年齢の間にはかなり明確な関連が見出せる。経営規模階層ごとに、その過半を占める年齢層をたどると、50a未満では70歳代前半、70aから3haまでは60歳代後半、3

表48 販売農家の平均経営規模別に見た基幹的農業従事者の平均年齢別市町村の割合

	なし	54歳未満	55～59	60～64	65～69	70～74	75～	合計	市町村数
なし	100.0	-	-	-	-	-	-	100	27
30a未満	-	-	-	-	-	100.0	-	100	1
30a～	-	-	-	23.7	23.7	50.0	2.6	100	38
50a～	0.4	-	1.8	12.1	42.9	41.1	1.7	100	224
70a～	-	0.2	0.5	11.5	50.6	37.2	-	100	409
1ha～	0.2	-	1.6	17.4	61.2	19.6	-	100	443
1.5ha～	0.4	-	2.1	31.6	59.4	6.4	-	100	234
2ha～	1.7	-	4.3	41.4	50.0	2.6	-	100	116
2.5ha～	-	-	2.1	41.7	56.3	-	-	100	48
3ha～	6.3	4.2	6.3	56.3	25.0	2.1	-	100	48
5ha～	-	-	33.3	66.7	-	-	-	100	9
7ha～	4.8	-	19.0	66.7	9.5	-	-	100	21
10ha～	1.7	1.7	76.3	20.3	-	-	-	100	59
20ha～	-	20.8	62.5	16.7	-	-	-	100	24
30ha～	-	66.7	29.6	3.7	-	-	-	100	27
50ha～	-	90.9	9.1	-	-	-	-	100	22
全国計	2.1	2.7	5.9	20.9	46.9	21.1	0.3	100	
市町村数	37	47	104	366	821	370	5		1,750

～10 haは60歳代前半、10～30 haは50歳代後半、30 ha以上は54歳未満ということになる。もちろん、経営規模の大きい層の場合は、上記の地方別で指摘した北海道の市町村が大部分を占めており、そうした偏りも考慮しなければならないが、経営面積が大きくなれば当然十分な担い手が必要となるわけであり、規模の大きな場合には若年の基幹的農業従事者が要求されることになるが、全般に平均年齢が高く、2haを超えても65歳以上の高齢者が平均年齢となる市町村が過半数を占めていることは留意する必要があろう。

さらに、**表49**では農産物販売額1,000万円以上の農家の割合別に示した市町村の基幹的農業従事者の平均年齢について検討している。ここでも農産物販売額1,000万円以上という、最も農業生産者としての役割を果たしている農家らしい農家について、そうした農家の市町村ごとの比重の大きさと高齢化との関連を検討するわけである。ここでは、1,000万円以上の販売額の農家が1%未満では70歳前半、3%未満では60歳代後半と70歳代前半、7%未満では60歳代後半、7～15%では60歳代、15～30%では60歳代前半、30%以上では50歳代以下、というように販売額の大きな農家の割合と基幹的農業従事者の平均年齢との対応が見出せる。ただし、1,000万円以上の販売額の農家が30%以上の市町村でも、その2割ほどは基幹的農業従事者の平均年齢

表49 農産物販売額1,000万円以上の市町村別基幹的農業従事者の平均年齢別市町村の割合

	なし	54歳未満	55～59	60～64	65～69	70～74	75～	合計	市町村数
なし	26.9	-	0.8	11.5	23.1	34.6	3.1	100	130
1%未満	-	-	-	1.3	25.3	73.3	-	100	150
1～	-	0.2	0.4	5.2	56.8	37.1	0.2	100	463
3～	-	-	0.4	17.4	71.5	10.7	-	100	270
5～	-	-	0.6	17.4	76.4	5.6	-	100	178
7～	-	-	-	42.1	56.6	1.4	-	100	145
10～	-	-	2.4	49.6	47.2	0.8	-	100	123
15～	-	-	7.8	65.6	25.0	1.6	-	100	64
20～	-	-	6.9	79.3	13.8	-	-	100	29
25～	5.9	-	8.8	85.3	-	-	-	100	34
30～	-	28.0	52.4	18.9	0.6	-	-	100	164
全国計	2.1	2.7	5.9	20.9	46.9	21.1	0.3	100	
市町村数	37	47	104	366	821	370	5		1,750

が60歳代前半であるということにも注目しておくべきであろう。

10　生活環境 —— 医療と教育

次に生活環境に関する数値を2点検討する。一つは医療、もう一つは教育に関する数値である。まず医療面の生活上の便益の指標として、市町村における医師の人数と医師1人当りの人口について検討しよう。

表50は、制度上の差異や人口規模別に分類した市町村の種別にその市町村に所在する医院等の医師の人数をまとめたものである。医師の人数はその勤務地でカウントされている。表に見るように、東京特別区の場合は、それぞれの区に300人以上の医師が勤務ないし営業している。政令指定都市には1,000人以上の医師が所在しており、人口10万以上の都市のほとんどには100人以上の医師が活躍している。その一方で、23の町村には医師がなく、いわゆる無医町村となっており、全国の20%におよぶ町村には医師は5人未満という状況にある。市と町村とでは医師の数に若干の開きがあるといわざるを得ないであろう。

表50　市町村分類別に見た市町村所在医師数別市町村数

	なし	5人未満	5〜	10〜	30〜	50〜	100〜	300〜	500〜	700〜	1,000〜	合計
特別区	-	-	-	-	-	-	-	3	4	5	11	23
政令指定都市	-	-	-	-	-	-	-	-	-	-	19	19
中核市	-	-	-	-	-	-	-	-	4	13	23	40
特例市	-	-	-	-	-	-	3	18	9	4	3	37
市10万以上	-	-	-	-	-	4	106	36	12	10	3	171
市5万以上	-	-	-	3	15	103	138	2	2	1	-	264
市5万未満	-	1	2	40	86	98	24	5	-	-	-	256
町村2万以上	-	2	5	81	51	23	8	6	1	-	-	177
町村1万以上	-	25	79	149	24	5	-	-	-	-	-	282
町村5千以上	2	128	70	41	1	-	-	-	-	-	-	242
町村3千以上	4	97	17	2	-	-	-	-	-	-	-	120
町村3千未満	17	99	3	-	-	-	-	-	-	-	-	119
全国計	23	352	176	316	177	233	279	70	32	33	59	1,750
構成比	1.3	20.1	10.1	18.1	10.1	13.3	15.9	4.0	1.8	1.9	3.4	100

もちろん、医師は自分の勤務しあるいは営業している市町村の住民だけを診療するわけではない。住民も市町村の枠を超えて医師の診療を求める。中心的な都市には多くの医療機関があり、周辺の住民を集めている。その意味で、市町村別の医師数にあまり拘泥すべきでないことはいうまでもない。しかし、その点を考慮した上で、医師の配置に偏りがあるのかどうかは無視すべきことではない。市町村の境域を重視することはできないが、巨視的な概観は怠るべきではないであろう。

　表51は、市町村ごとに医師の人数で人口総数を除した「医師1人当り人口数」を地方別に示したものである。市町村ごとの医師1人当りの人口は平均すると1,093人、表示では100人未満から2,500人以上にまで及んでいる。(実際には30人から10,144人にまでの広がりがある。)1人の医師が診療する対象として考えたとき、100人、200人が対象である場合と、2,000人、3,000人が対象である場合とでは、全く意味が違うであろう。あまりに多数の人口に対して少数の医師しかいなければ、それは事実上無医町村に近いといわざるを得ない。そうした視点で、表51を見るならば、医師の配置には地方別にかなりの偏りがあるといわざるを得ない。中国・四国では医師1人に対する人口が700人未満の市町村が6割に及んでいるのに対して、北海道・東北では25％程度に過ぎない。平均値の2倍に当る医師1人に対して2,000人以上とい

表51　地方別に見た医師1人当り人口数別市町村の分布

	100人未満	100〜	300〜	500〜	700〜	1,000〜	1,500〜	2,000〜	2,500〜	医師なし	合計	市町村数
北海道	-	1.1	11.7	10.6	17.9	22.9	16.2	7.8	11.7	-	100	179
東北	-	3.9	6.6	13.2	17.1	24.1	10.5	7.5	14.0	3.1	100	228
関東	2.2	5.3	12.2	17.9	27	18.5	7.2	3.8	6.0	0.3	100	319
北陸	2.5	1.2	9.9	24.7	28	18.5	3.7	2.5	7.4	1.2	100	81
東海	0.4	4.2	8.4	22.3	19.7	21	10.9	3.8	5.9	3.4	100	238
近畿	0.4	5.7	17.6	29.5	23	7.9	8.4	3.5	4.0	0.4	100	227
中国	-	5.5	30.3	29.4	11.9	14.7	5.5	1.8	0.9	-	100	109
四国	2.1	6.4	24.5	24.5	22	10.6	4.3	1.1	2.2	2.1	100	94
九州・沖縄	0.7	6.9	14.5	27.6	22	13.1	6.2	3.3	4.4	1.1	100	275
全国計	0.9	4.7	13.7	21.5	21.3	17.1	8.6	4.2	6.6	1.3	100	1,750
市町村数	15	83	239	377	372	300	151	74	116	23	1,750	100

う市町村が北海道・東北では2割に及ぶ。概してこの表からは西高東低の傾向が見出せるであろう。

表52では、市町村の制度や規模に基づく分類ごとに、医師1人あたりの人口数の分布を見ている。ここでは市と町村の間の格差が見られる。東京特別区・政令指定都市・中核市では、医師1人当りの人口が500人未満の市が6割を超えており、全国の平均値に当る1,000人を超える市は皆無であるのに対して、市の規模が小さくなるとともに医師1人当り1,000人を超える市が増加する。さらに、人口3千から1万の規模の町村では、より一層医師1人当り多くの人口に対応することになる。ただし、人口3千未満の小規模な町村の場合には、むしろそれより規模の大きい町村よりも条件のよい町村も見られる。また、規模の小さい市や町村の中にも、医師1人当り数百人という市町村も少なからず存在していることは留意する必要があろう。医師のいない無医町村が市には皆無であり、町村特に人口3千から5千の町村の3％に見られることとあわせて、この規模の町村が最も厳しい状況にあることが知られる。人口3千未満の町村がとりわけ条件の改善を目指しているとも見られるが、むしろ町村の人口規模が小さいだけに医師のわずかな人数の違いによって、

表52　市町村分類別に見た医師1人当り人口数別市町村の分布

	100人未満	100〜	300〜	500〜	700〜	1,000〜	1,500〜	2,000〜	2,500〜	医師なし	合計	市町村数
特別区	17.4	21.7	26.1	21.7	13.0	-	-	-	-	-	100	23
政令指定都市	-	15.8	63.2	21.1	-	-	-	-	-	-	100	19
中核市	-	35.0	37.5	22.5	5	-	-	-	-	-	100	40
特例市	-	8.1	24.3	51.4	13.5	2.7	-	-	-	-	100	37
市10万以上	-	8.8	29.8	33.3	22.0	5.3	0.6	-	-	-	100	171
市5万以上	0.8	3.4	17.0	33.0	31.0	12.5	1.9	0.8	-	-	100	264
市5万未満	1.2	6.3	14.1	32.8	27.0	14.1	3.5	0.8	0.8	-	100	256
町村2万以上	3.4	4.5	7.9	15.8	23.0	26.6	13.0	1.7	4.5	-	100	177
町村1万以上	-	2.5	5.3	14.5	23.0	24.8	14.5	8.5	7.1	-	100	282
町村5千以上	-	0.8	7.9	6.6	16.9	21.9	13.6	9.5	21.9	0.8	100	242
町村3千以上	-	-	5.0	11.7	11.7	19.2	17.5	11.7	20.0	3.3	100	120
町村3千未満	-	0.8	9.2	10.9	13.4	23.5	15.1	5.0	7.6	14	100	119
全国計	0.9	4.7	13.7	21.5	21.3	17.1	8.6	4.2	6.6	1.3	100	1,750
市町村数	15	83	239	377	372	300	151	74	116	23	1,750	100

1人当りの人口数に多分にバラツキが生じたのではないかとも思われる。分子が小さいだけに、除数である医師の人数が1人増えれば1人当りの人数が大きく変化するわけである。この規模の町村の場合に他の分類別の市町村と比べて1人当りの人数のバラツキが大きいことに注目したい。

表53は、具体的に医師1人当りの住民数の少ない上位10市町村と、下位に当る医師のいない無医町村23とを表示している。上位には、東京23区のうちの千代田区・文京区・新宿区の3区を含む関東5市町村、北陸、四国各2町村が並んでいる。一方の無医町村には、長野県の6村をはじめ、各地の山村や離島などの規模の小さい町村が見られる。

このように、医師の配置には市町村の規模に対応した偏りがかなり大きく見られる。とりわけ大きな病院が所在する市などでは、医師1人当りの住民数は小さくなるが、先にふれたように、住民は居住する市町村においてだけ医療を求めるわけではない。小規模な町村に居住する住民も大きな都市の医師を訪ねることが少なくない。それだけに、医師の配置の市町村の規模別の格差は、一見かなり大きいものがあるが、単純に受け止めることはできない。

生活環境にかかわる項目として、もう一つ学校について検討する。文部科学省が実施した学校基本調査に基づいて、幼稚園・小学校・中学校・高等学校にかかわるいくつかの指標を検討する。ここでは、国立・公立・私立を含

表53 医師1名当り住民数の上位下位の市町村

	上位十位			下位		
順位	市町村名	県名	数値	下記23町村では医師数が0		
1	千代田区	東京	30	青森	山梨	奈良
2	文京区	東京	51	西目屋村	早川町	川上村
3	永平寺町	福井	58	佐井村	鳴沢村	高知
4	壬生町	栃木	63	宮城	長野	北川村
5	下野市	栃木	71	大衡村	南牧村	大川村
6	内灘町	石川	71	福島	南相木村	熊本
7	東温市	愛媛	71	北塩原村	北相木村	五木村
8	由布市	大分	74	湯川村	平谷村	鹿児島
9	新宿区	東京	77	葛尾村	王滝村	三島村
11	三木町	香川	79	新潟	小川村	十島村
11	中央市	山梨	79	粟島浦村		

めた学校について、その校数や児童生徒数、教員数などを検討するが、それぞれの学校について、学校の所在する市町村の数を表示していくことになる。分校も1校とされており、組合立の場合には学校の所在する市町村の学校とされている。また、小学校と中学校、中学校と高校などが併設されている場合は、それぞれにカウントされている。ただし、全日制と定時制を併設している高校は、両者を含めて1校とし、通信制のみの高校は含まれていない。

表54は、学校や児童生徒・教員等について、市町村全体の概要を示している。この表の数値に基づいて平均的な市町村の状況を描くこととしよう。いうまでもなく、小学校と中学校は義務教育であるから、全国の市町村に大部分市町村立として設置されているが、幼稚園と高等学校は、ほぼ全入に近い状況ではあるが、義務化はされていないから、小学校・中学校とは設置数などに違いがある。平均的な市町村には、12校の小学校、6校の中学校、3校の高等学校があり、それぞれほぼ4千、2千、2千の児童生徒が在籍している。もちろん規模の大きな市などでは多数の学校があり、最も多くの小学校

表54 学校等にかかわる市町村の平均値と最大・最小値

	平均値	最小値	最大値
小学校数	12.6	1	356
小学校児童数	3,996.2	7	198,176
小学校教員数	239.9	4	9,827
中学校数	6.2	0	178
中学校生徒数	2,033.2	0	92,762
中学校教員数	143.4	0	5,489
高等学校数	2.9	0	93
高等学校生徒数	1,924.4	0	78,758
幼稚園数	7.7	0	290
幼稚園在園者数	917.7	0	59,914
小学校当り児童数	251.2	4.43	877.7
小学校当り教員数	16.9	2.75	39.0
小学校教員当り児童数	13.2	1.29	23.1
中学校当り生徒数	269.4	4	989.0
中学校当り教員数	21.1	4.43	54.0
中学校教員当り生徒数	11.5	0.38	20.1
高等学校当り生徒数	529.4	6	1,514.0
幼稚園当り在園舎数	96.2	0	393.0

を持つ市には356校の小学校があり、20万近くの児童が在籍している。しかしながら、他方には、中学校や高等学校の設置されていない町村もある。小学校を設置していない市町村は皆無であるが、中学校では7町村には中学校がない。高等学校のない市町村は425 (24.3%) 見られ、これらの市町村では他の地域の高校に通学せざるを得ない。学校教育にかかわる生活条件も一様ではないものと思われる。幼稚園も18%ほどの市町村に設置がないとされているが、この場合は、地域によって保育所のみを置くこととしていることもあり、事情は単純ではない。

規模の小さい町村では多くの場合小学校・中学校それぞれ1校を設置しているが、規模の大きな市町村では当然多くの学校が設置される。したがって単に市町村ごとの学校数を比較してもあまり意味はない。しかし生活環境という観点からすると、学校の多い地域と学校の少ない地域という対比を検討することが求められる。そこで一つの目安となるのが、市町村の人口に比してそこに所在する学校数が多いのか少ないのかという検討である。**表55**は学校数で市町村の人口数を除した結果を示している。もちろん、高等学校の場合などが特に明確であるが、児童生徒は必ずしも居住している市町村にある学校に通うわけではない。小学校でも国立や私立など、一定の範囲の他市

表55 学校当り人口数別に見た市町村数

人口	市町村数				構成比			
	幼稚園	小学校	中学校	高等学校	幼稚園	小学校	中学校	高等学校
500未満	2	16	13	0	0.1	0.9	0.7	0.0
500〜	3	28	14	0	0.2	1.6	0.8	0.0
700〜	7	49	12	2	0.4	2.8	0.7	0.1
1,000〜	76	535	175	19	4.3	30.6	10.0	1.1
3,000〜	183	485	248	50	10.5	27.7	14.2	2.9
5,000〜	233	263	233	69	13.3	15.0	13.3	3.9
7,000〜	346	295	312	109	19.8	16.9	17.8	6.2
1万〜	544	79	736	776	31.1	4.5	42.1	44.3
3万〜	25	0	0	236	1.4	0.0	0.0	13.5
5万〜	2	0	0	64	0.1	0.0	0.0	3.7
なし	329	0	7	425	18.8	0.0	0.4	24.3
合計	1,750	1,750	1,750	1,750	100	100	100	100

町村からの通学者が見られ、中学校ではさらに多いものと思われる。したがって、この学校当り人口数という数値はあくまでも一つの目安に過ぎない。それでも、学校ごとにその特徴を次のように見ることができよう。すなわち、小学校の場合には、1校当り1,000人から5,000人というレベルに6割近くが集中する。中学校の場合は7,000人から3万人特に1万から3万のレベルに集中する。そして小学校も中学校も1校当り3万人を超えている市町村はない。同じ義務教育であるにもかかわらず、小学校と中学校でかなりの差が見られるのは、6年制と3年制との差があって中学校の生徒数が半分であることに基づくものであろうと思われる。これに対して高校の場合には、中学校と同じく3年制で今日では全体的に見ればほとんど中学校と変わらぬ生徒数が想定されるにもかかわらず、高校を設置していない市町村が4分の1に及び、人口3万以上、5万以上に1校という市町村が15％を超え、全体として中学校よりもより広域の通学圏に対応していることが指摘できる。幼稚園の場合は、上記の理由で細かく検討することが適切ではないが、幼児であるだけにこれらの学校の中で最も狭い範囲での通園がなされるものと思われるにもかかわらず、小学校よりもかなり多くの人口数に対して設置されている。こうした数値になったことも、上記の保育所との関係がかかわっているものと推測される。

　学校の設置と人口との関連について、地方別の差異や地域的条件の差がどのように関連しているのか、中学校と高等学校の場合について検討することとしよう。まず、**表56**は高校について市町村の制度や規模に基づく分類ごとに1高校当り人口数別の市町村の分布を表示したものである。すでにふれたように、全国の市町村の約4分の1には高校が設置されていないが、市制を施行している場合でも人口5万〜10万の都市で2市、5万未満の都市で5市には高校が置かれていない。しかし高校の設置されていない市町村のほとんどは町村であり、とりわけ規模の小さい町村ということになる。人口3千未満の町村では、8割以上に高校が置かれていないが、この場合でも20町村には高校が設置されている。町村に高校が置かれている場合は、全体的に高校当り人口数が少なく、市の場合に相対的に人口数が多くなっている。一方、

表56　市町村分類に基づく高校当り人口数別市町村の割合

	高校なし	3,000〜	5,000〜	7,000〜	1万〜	3万〜	5万〜	合計	市町村数
特別区	0.0	4.3	0.0	4.3	47.8	13.0	30.4	100	23
政令指定都市	0.0	0.0	0.0	0.0	52.6	42.1	5.3	100	19
中核市	0.0	0.0	0.0	0.0	77.5	22.5	0.0	100	40
特例市	0.0	0.0	0.0	0.0	45.9	40.5	13.5	100	37
市10万以上	0.0	0.0	0.0	0.0	62.6	29.2	8.2	100	171
市5万以上	0.8	0.0	0.0	1.9	64.8	20.1	12.5	100	264
市5万未満	2.0	0.0	1.2	8.6	69.1	19.1	0.0	100	256
町村2万以上	18.6	0.0	0.0	2.3	49.2	27.7	2.3	100	177
町村1万以上	29.8	0.4	4.6	6.7	58.5	0.0	0.0	100	282
町村5千以上	51.7	2.5	21.9	24.0	0.0	0.0	0.0	100	242
町村3千以上	64.2	35.8	0.0	0.0	0.0	0.0	0.0	100	120
町村3千未満	83.2	16.8	0.0	0.0	0.0	0.0	0.0	100	119
全国計	24.3	4.1	3.9	6.2	44.3	13.5	3.7	100	
市町村数	425	71	69	109	776	236	64		1,750

地方別に見ると高校の設置のない市町村が比較的多いのは九州沖縄と東海、少ないのは関東と北陸ということになる。北海道は町村が多数であるためか比較的高校当り人口数の少ない町村が多く、関東・近畿・東海では高校当り人口の比較的多い市町村が多数を占める。中学校の場合も傾向としてはほぼ高校の場合と同様と見てよいであろう。

表57　地方別に見た中学校当り人口数別市町村の割合

	3,000未満	3,000〜	5,000〜	7,000〜	1万〜	合計	市町村数	中学校なし
北海道	30.8	30.2	18.4	14.0	6.7	100	179	0
東北	10.5	16.7	21.9	27.2	23.7	100	228	0
関東	4.3	4.4	5.0	14.7	71.5	100	319	0
北陸	2.4	12.3	17.3	19.8	48.1	100	81	0
東海	9.0	12.0	9.8	12.0	57.3	100	234	4
近畿	8.4	11.1	9.3	16.0	55.1	100	225	2
中国	12.0	16.7	20.4	24.1	26.9	100	108	1
四国	23.5	24.5	6.4	19.1	26.6	100	94	0
九州・沖縄	16.0	13.8	17.5	19.6	33.1	100	275	0
全国計	12.2	14.2	13.4	17.9	42.2	100	1,743	7
市町村数	214	248	233	312	736	1,743	100	

学校の配置に地方や市町村の規模などにともなう差異が見られるとすれば、生活環境の充実度という観点から学校の内部にもう少し接近してみたい。その場合、一般的には学級規模が取り上げられることが多い。学級規模については、小学校や中学校の教員給与の国庫負担の制度にかかわって、児童生徒数や教科数などに基づいて、教員の配置の基準が定められている。いわゆる40人学級というのが、それに当る。しかし、学校の状況によっては、1学級の児童生徒数は40人を下回ることがあり、むしろこれをかなり下回ることが一般的であることが指摘されている。しかし、ここでは、学級数の統計数値が得られないので、教員と児童との比率、いわゆるTP比によって、地域における生活環境としての学校の充実度を見ることとしたい。表58は、市町村の制度・規模別に小学校教員1人当り児童数別の市町村数を見たものである。小学校の教員配置は、学級担任の教員以外にも選科教員など担任外の教員も相当数含まれ、また指導方法の充実や生活指導への対応などさまざまな制度に基づく加配も行われていることから、全国の市町村についてみると、教員1人当り10人未満が27％あり、18人以上は18％、14人以上で47％ということになる。注目されるのは、市町村の規模などによって、大きな開きがあることであろう。人口3千未満の町村では90％、3～5千の町村では65％が、

表58 市町村の制度・規模別に見た小学校教員1人当り児童数別市町村の割合

	6人未満	6～	10～	14～	18～	合計	市町村数
特別区	-	-	-	60.8	39.1	100	23
政令指定都市	-	-	-	10.5	89.5	100	19
中核市	-	-	-	50.0	50.0	100	40
特例市	-	-	-	21.6	72.9	100	37
市10万以上	-	-	-	46.2	46.8	100	171
市5万以上	-	-	21.9	47.7	27.3	100	264
市5万未満	-	25.4	44.5	26.6	2.7	100	256
町村2万以上	-	6.8	19.2	39.0	35.0	100	177
町村1万以上	-	28.7	38.7	23.7	7.1	100	282
町村5千以上	-	40.5	33.9	12.4	4.2	100	242
町村3千以上	16.7	49.1	25.0	9.2	-	100	120
町村3千未満	64.7	26.9	6.7	1.7	-	100	119
全体	7.2	20.3	25.7	28.3	18.5	100	1,750
市町村数	126	355	449	496	324	1,750	100

教員1人に対して児童数は10人未満となっている。これらの地域では児童数そのものが少数で1学級40人という規模を到底満たし得ないという状況がある。一方、人口10万以上の市の場合には、14人未満という市は皆無で、18人以上が政令指定都市では9割に達するなど、教員当りの児童数は大きくなる。ちなみに教員当り児童数の最も多い市では23人となっている。

表59は、中学校の教員の配置を見るものであり、中学校1校当りの教員数別の市町村の割合を表示している。中学校の場合は、教科担当制であるだけに、小学校の場合よりも多くの教員が配置されており、また生徒数に応じて教員配置がなされているから、当然規模の大きな学校では多数の教員を擁することになる。表に見るように、全体的に見ると、半数以上の市町村では、1校当り20人以上の教員が配置されている。とりわけ、規模の大きい市などでは教員数が多く、政令指定都市や中核市では75％、特例市で70％は、25人以上となっている。それより規模の小さい市では、規模が小さくなるにつれて教員数も少なくなり、5万未満の市では半数以上が20人未満となる。町村の場合には、人口2万以上の町村では、25人以上が半数以上を占め、10万以上の市と並ぶ配置となっているが、それより小さい町村では、20人未満、

表59　市町村の制度・規模別に見た中学校1校当り教員数別市町村の割合

	なし	10人未満	10〜	15〜	20〜	25〜	30〜	合計	市町村数
特別区	-	-	-	17.4	73.9	8.7	-	100	23
政令指定都市	-	-	-	-	26.3	57.9	15.8	100	19
中核市	-	-	-	7.5	17.5	55.0	20.0	100	40
特例市	-	-	-	2.7	27	32.4	37.8	100	37
市10万以上	-	-	0.6	8.2	34.5	30.4	26.3	100	171
市5万以上	-	-	3.8	22.0	25.8	24.6	23.9	100	264
市5万未満	-	1.6	18.4	35.2	24.2	11.3	9.4	100	256
町村2万以上	-	-	5.1	16.9	22.0	22.6	33.3	100	177
町村1万以上	-	1.8	22.7	25.5	18.8	18.8	12.4	100	282
町村5千以上	0.4	4.1	33.5	44.2	12.8	4.5	0.4	100	242
町村3千以上	1.7	7.5	68.3	20.0	1.7	-	0.8	100	120
町村3千未満	3.4	30.3	63.0	3.4	-	-	-	100	119
全体	0.4	3.7	21.1	23.3	20.2	17.0	14.4	100	
市町村数	7	64	369	407	353	297	253		1,750

15人未満の配置が多くなる。特に人口3千未満の町村では、9割以上が15人未満で、10人未満という小規模な学校も人口1万未満には散見する。ちなみに、中学校の学校当り生徒数を見ると、最も少ないのは4名であるが、平均は269人であるので、3学年40人学級とすると1学年3クラスとなり、最大の場合は989名で1学年9クラス編成ということになる。1校当りの中学校教員の平均人数は21人であるから、3学年9クラスで、ほぼクラス数の2倍の教員がおかれているという計算になる。大都市の場合には、生徒数の多い大規模校が多く、多数の教員が配置されているのに対して、小規模な市町村では、より生徒数が少なく、クラス数も少なくなって、教員数も少ないという状況になっているものということであろう。

11 住民の所得と格差

次に取り上げるのは住民の所得額についてである。ここでは市町村民税の課税所得額を取り上げる。市町村ごとの課税所得額が表示されているが、当然のことながら市町村の規模によってその金額は大きく異なることになる。そこでここでは、納税義務者の人数によってこれを除し、納税義務者1人当りの課税所得額を算出する。この場合の納税義務者は市町村民税の所得割の納税義務者を数えており、所得額は、個人の市町村民税の課税対象となった前年の所得金額となっている。なお、全国の市町村の納税義務者の平均人数は1市町村当り31,299人であり、世帯数の平均は29,686であるから、1世帯に1.05人の納税義務者がいるという計算になる。

表60は、この納税義務者1人当りの課税所得金額を2005年と2010年との対比によって示したものである。留意すべきは、05年に比べて10年には課税所得金額が減少していることである。納税義務者数で除する前の市町村単位の所得額で見ると、その平均値は05年には1,066億円であったが、10年には1,004億円に減少している。その結果、表に見るようにほとんどの市町村で05年よりも減額した状況にある。10年の分布で見ると半数以上の市町村が225万円から275万円という250万円前後の平均値を示しているが、200万

表60　納税義務者当課税所得金額別市町村数　05年×10年

10年＼5年	200万未満	225万未満	250万未満	275万未満	300万未満	325万未満	350万未満	375万未満	400万未満	400万以上	合計	構成比
200万未満	1	1	-	-	-	-	-	-	-	-	2	0.1
225万未満	-	20	72	2	-	-	-	-	-	-	94	5.4
250万未満	1	3	176	227	4	1	-	-	-	1	413	23.6
275万未満	-	-	4	211	278	11	2	-	-	2	508	29.0
300万未満	1	-	-	6	134	174	11	2	-	1	329	18.8
325万未満	-	-	-	1	1	48	141	20	1	2	214	12.2
350万未満	-	-	-	-	-	-	23	56	13	1	94	5.4
375万未満	-	-	-	-	-	1	1	3	32	7	44	2.5
400万未満	-	-	-	-	1	1	1	1	3	21	28	1.6
400万以上	-	-	-	-	-	-	1	-	-	23	24	1.4
合計	3	24	252	447	419	236	179	83	49	58	1,750	100

円未満から400万円以上までかなりの格差をもっていることが指摘できる。また、05年と10年とを対比したとき、大多数の市町村で所得額が減少していることとあわせて、全体的に変化が小さくないことに気がつく。両年度ともほぼ同額と思われる太字の市町村は、あわせて642で、全体の37％に当る。これに対して50万円以上の変化を示した（セル2つ以上移行）市町村は、90と、全体の5％に当る。

　個人個人の所得額にはかなりの高低差があることは想定できるが、市町村単位での平均値に相当する納税義務者1人当りの金額でこれだけの差があることは軽視できることではない。そしてこうした高低差が地域の特性によって偏在していることに注目しなければならない。まず**表61**に見るように、地方別にかなり大きな差異が見られる。市町村の平均値で所得額が325万円以上という、比較的高額な所得の地域としては、関東のほぼ3分の1の市町村が見られ、全国平均の10.9％を大きく上回っている。これに次ぐのが近畿の20.3％、東海の9.7％で、北陸と四国には全く見られない。他方、東北では250万円未満の市町村が73.2％と大部分を占め、九州沖縄の49.8％、四国の41.5％、中国の38.6％がこれに続いている。

　さらに、市町村の制度別に所得額を見た**表62**では、まず、東京23区の飛びぬけた高さが眼を引く。350万円以上の区が74％を占め、325万円以上と

表61　地方別に見た納税義務者当り課税所得金額別市町村の割合

	225万未満	250万未満	275万未満	300万未満	325万未満	350万未満	350万以上	合計	市町村数
北海道	3.4	15.6	41.9	30.7	5.0	1.7	1.8	100	179
東北	19.7	53.5	18.4	3.5	3.9	-	0.9	100	228
関東	0.6	3.1	18.5	21.6	23.5	13.5	19.1	100	319
北陸	-	34.6	40.7	21.0	3.7	-	-	100	81
東海	0.8	14.3	34.9	20.6	19.7	6.7	3.0	100	238
近畿	-	6.2	25.1	26.9	21.6	10.6	9.7	100	227
中国	3.7	34.9	35.8	17.4	7.3	0.9	-	100	109
四国	9.6	31.9	37.2	16.0	5.3	-	-	100	94
九州・沖縄	10.2	39.6	30.9	13.1	3.3	2.5	0.4	100	275
全国計	5.5	23.6	29.0	18.8	12.2	5.4	5.5	100	1,750
市町村数	96	413	508	329	214	94	96	1,750	100

表62　市町村制度別に見た納税義務者当り課税所得金額別市町村の割合

	225万未満	250万未満	275万未満	300万未満	325万未満	350万未満	350万以上	合計	市町村数
特別区	-	-	-	-	4.3	21.7	73.8	100	23
政令指定都市	-	-	-	10.5	31.6	26.3	31.6	100	19
中核市	-	-	10.0	37.5	27.5	12.5	12.5	100	40
特例市	-	-	10.8	18.9	29.7	27.0	13.5	100	37
その他の市	1.6	18.3	30.4	21.4	15.9	6.1	6.1	100	690
町村	9.0	30.5	30.8	16.7	8.0	2.9	2.2	100	941
全国計	5.5	23.6	29.0	18.8	12.2	5.4	5.5	100	
市町村数	96	413	508	329	214	94	96		1,750

いうことになると95％以上が該当する。東京都の23区にはおしなべて所得の高い層が居住しているということになる。これに対して、325万円以上の平均値の町村は5.1％しかなく、規模の小さい市（その他の市）では12.2％にとどまる。要するに、関東・近畿・東海などの大都市の居住者の平均所得額は相対的に高額であり、東北・中国・四国・九州沖縄の規模の小さい市や町村の居住者の平均所得は相対的に低いということになる。もちろんこれらのそれぞれの地域の内部についてさらに分析するならば、そのうちに高額所得者から所得の低い者まで多様な格差を含んでいることはいうまでもない。それにもかかわらず、地域特性別に多分に明瞭な差異が生じていることは確認しておく必要がある。

表63 納税義務者当り課税所得額の上位・下位の市町村

順位	上位十位			下位十位		
	市町村名	県名	数値（千円）	市町村名	県名	数値（千円）
1	港区	東京	9,435	上砂川町	北海道	1,926
2	千代田区	東京	7,713	球磨村	熊本	1,985
3	渋谷区	東京	6,443	東成瀬村	秋田	2,012
4	芦屋市	兵庫	5,736	西目屋村	青森	2,028
5	中央区	東京	5,413	山江村	熊本	2,041
6	文京区	東京	5,353	本部町	沖縄	2,045
7	目黒区	東京	5,226	歌志内市	北海道	2,051
8	世田谷区	東京	4,971	夕張市	北海道	2,058
9	武蔵野市	東京	4,696	九戸村	岩手	2,074
10	新宿区	東京	4,683	藤里町	秋田	2,084

具体的に納税義務者当り課税所得額の高い市町村と低い市町村とを表示したのが、**表63**である。上位の10市町村について見ると、東京23区から8区、それに23区に隣接する武蔵野市を含めて東京から9市区、それに兵庫県芦屋市が加わっている。東京23区の中でも都心3区と山の手の5区という構成で、港区の場合、区の平均値で1人当り1,000万に近い金額となっている。これに対して下位の場合は200万を割り込んでおり、上位の5分の1の金額となっている。ここには北海道3市町、東北4町村、九州沖縄3町村が含まれている。

12 市町村の財政

以下では、市町村の財政について検討する。市町村財政の規模を歳入総額で見ると全市町村の平均規模は、2005年には26億2,148万円、10年には28億1,415万円となっている。もちろん市町村の規模によって、財政規模も大きく異なるわけであり、10年の場合、最大規模は8,430億円、最小規模は9億9,633万円となっている。ちなみに05年の場合には、それぞれ9,912億円と9億3,258万円であったので、最大規模の市で財政規模が大きく縮小し、最小規模の町村で若干の拡大を見たことになる。

歳入総額そのものは、このように市町村の規模によって大きく異なるものであるから、これを単純に比較しても意味はない。そこでまず、市町村の規

模をならしてみるという意味で、歳入総額を当該市町村の人口数で除し、住民1人当りの財政規模を算出し、それについていくつかの指標との関連を見ることとする。

市町村の制度や規模の違いと財政規模との関連を示すのが**表64**である。大雑把に見るならば、規模の大きな市では比較的住民1人当りの財政規模が小さく、規模の小さい町村の方が1人当りの規模が大きいということになる。規模の経済と見ることができるのかもしれない。東京特別区は他の市町村と制度的に異なる点もあるので別にすると、特例市・中核市・政令指定都市の順に住民当り財政規模の小さい市が並ぶ。これらは市の中でも規模の大きな自治体であり、この順に自治体としての権限が大きくなる制度になっていることから、財政規模は全体に小さい中で少しずつ1人当りの財政規模が大きくなっているものと見ることができよう。規模の小さい市では、これらよりも住民当りの財政規模は大きくなっている。さらに町村の場合にはさらに1人当りの財政規模が大きくなり、とりわけ人口3千未満、5千未満などの町村では、1人当りの金額が100万円を超えており、規模の大きな市の場合の3倍ほどの金額となっている。

表64 市町村の制度・規模別に見た住民1人当り歳入総額別市町村の割合

	30万円未満	30万円〜	40万円〜	50万円〜	60万円〜	70万円〜	100万円〜	合計	市町村数
特別区	8.7	56.5	17.4	13	-	4.3	-	100	23
政令指定都市	-	47.4	21.1	26.3	5.3	-	-	100	19
中核市	10.0	62.5	27.5	-	-	-	-	100	40
特例市	27.0	59.5	8.1	5.4	-	-	-	100	37
市10万以上	14.6	57.3	24.6	3.5	-	-	-	100	171
市5万以上	8.0	44.7	28.8	12.9	4.2	1.5	-	100	264
市5万未満	0.8	12.5	30.9	24.6	18.8	11.4	1.2	100	256
町村2万以上	23.7	46.3	14.7	8.5	4.5	2.2	-	100	177
町村1万以上	0.4	21.6	24.1	20.2	12.8	17.4	3.6	100	282
町村5千以上	-	0.8	12.4	14.9	14.5	35.2	22.4	100	242
町村3千以上	-	-	1.7	-	4.2	37.5	56.7	100	120
町村3千未満	-	-	-	0.8	-	5.0	94.2	100	119
全国計	6.1	26.4	19.7	12.7	8.2	12.7	14.1	100	
市町村数	107	462	345	222	144	223	247		1,750

表65　住民当り歳入額と地方税収入別市町村の割合

	10%未満	10%〜	20〜	30〜	40〜	50〜	合計	市町村数
30万円未満	-	-	0.9	17.8	42.1	39.3	100	107
30万円〜	-	1.7	16.9	39.4	29.2	12.8	100	462
40万円〜	-	14.5	53.0	22.6	6.1	3.8	100	345
50万円〜	0.5	58.1	30.6	7.2	1.4	2.3	100	222
60万円〜	3.5	79.2	10.4	0.7	3.5	2.8	100	144
70万円〜	34.5	55.6	4.9	1.3	0.9	2.7	100	223
100万円〜	79.4	15	1.6	0.8	1.6	1.6	100	247
全国計	15.9	26.4	20.6	17.2	12.3	7.6	100	1,750
市町村数	279	462	360	301	215	133	1,750	

　規模の小さい町村の場合に住民1人当りの財政規模が大きいということの意味は、表65に示す住民1人当りの財政規模と歳入に占める地方税収入の割合との関連を見ることを通じて考えてみる必要がある。表に見るように、住民当り歳入額が30万円未満の市町村では4割が歳入の5割以上を税収でまかなっており、8割以上が40%以上をまかなっている。これに対して、住民当り歳入額が100万円以上の市町村の場合には、その8割では地方税収入は歳入の10%未満しかない。そして住民当りの財政規模の増高に対応して地方税収入の割合が低下するという関連が明瞭に読み取れる。したがって、規模の大きな市などではほぼ半分以上を地方税収入でまかないながら、人口規模が大きいだけに規模の経済の恩恵を受けて一定規模の財政を運営しているのに対して、規模の小さい町村などは、地方税収入はそのごく一部を満たすにとどまりながら、一定規模の財政運営が求められ、住民1人当りにするとかなり大きい額の財政を担うことになっているという事態が浮かび上がる。そのことを考えると、住民1人当りの財政規模という数値は、市町村の豊かさを現す指標としての意味は乏しいといわざるを得ない。

　歳入に占める地方税の割合は、全国の市町村の平均値は25.9%で、表に見るように、歳入の半ば以上の税収のある市町村はわずか7.6%しかない。30%以下の税収しかないという市町村が6割を占めている。表66は、これを市町村の制度や規模の差との関連で表示している。規模の大きな市では、比較的地方税の割合の高い市が多数を占めているのに対して、規模の小さい町

表66 市町村の制度・規模別に見た歳入に占める地方税の割合別市町村の割合

	10%未満	10%〜	20〜	30〜	40〜	50〜	合計	市町村数
特別区	-	26.1	43.5	13.0	13.0	4.3	100	23
政令指定都市	-	-	5.3	36.8	52.6	5.3	100	19
中核市	-	-	12.5	40.0	30.0	17.5	100	40
特例市	-	-	10.8	16.2	37.8	35.1	100	37
市10万以上	-	2.9	19.3	25.7	29.8	22.2	100	171
市5万以上	-	15.9	23.9	31.4	20.5	8.3	100	264
市5万未満	3.1	43.0	36.3	12.5	3.1	2.0	100	256
町村2万以上	1.1	13.0	21.5	31.1	20.3	13.0	100	177
町村1万以上	9.9	41.8	24.1	14.5	5.3	4.3	100	282
町村5千以上	29.8	43.4	14.9	5.4	3.7	2.9	100	242
町村3千以上	60.0	32.5	4.2	-	1.7	1.7	100	120
町村3千未満	81.5	11.8	3.4	0.8	0.8	1.7	100	119
全体	15.9	26.4	20.6	17.2	12.3	7.6	100	
市町村数	279	462	360	301	215	133		1,750

村の場合には、その割合がきわめて低い場合が多いことが読み取れる。人口3千未満の町村では、その8割は地方税収入が歳入の10％に満たない。3千以上の町村の9割、5千以上の町村で7割、1万以上の町村でも5割が、20％未満の税収に含まれる。しばしば指摘される「3割自治」という言葉は、歳入の3割しか税収がないという自治体の財政基盤の脆弱さを意味しているが、政令指定都市でも5％、中核市で12％、特例市で11％が、30％未満の税収しかない、「3割以下自治」状態にあり、そのほかの10万以上の市では、22％、5万以上の市では49％が、その状態にある。実に、全国の市町村の6割以上が「3割以下自治」という状況にあるわけであり、地方自治体が文字通り自治の主体として確立されるためには、根本的な地方分権改革がなされなければならない。

　ところで地方税の負担はどの程度のものであろうか。**表67**は、各市町村の地方税額を人口で除した、住民1人当り地方税額と歳入に占める地方税の割合との関連を見たものである。住民1人当り地方税額は、市町村の平均値は12万7千円、最高額は168万7千円、最低額は4万1千円であるが、表に見るように、10万円未満が36％、10〜16万が43％と、16万未満で80％を占め

表67 住民1人当り地方税額別に見た歳入に占める地方税の割合別市町村の割合

	10%未満	10%～	20～	30～	40～	50～	合計	市町村数	%
5万円未満	100.0	-	-	-	-	-	100	4	0.23
5万円～	73.3	26.7	-	-	-	-	100	101	5.77
7万円～	27.7	51.6	18.1	2.5	-	-	100	519	29.66
10万円～	7.4	22.8	37.3	26.9	5.6	-	100	517	29.54
13万円～	3.9	8.6	17.5	34.2	29.2	6.6	100	257	14.69
15万円～	4.0	2.7	8.0	21.3	40.7	23.3	100	150	8.57
17万円～	2.8	11.1	6.5	20.4	26.9	32.4	100	108	6.17
20万円～	-	16.1	9.7	8.1	19.4	46.8	100	62	3.54
30万円～	-	3.1	9.4	6.3	28.1	53.1	100	32	1.83
全体	15.9	26.4	20.6	17.2	12.3	7.6	100		100
市町村数	279	462	360	301	215	133		1,750	

ている。地方税の割合との関連を見ると、金額の低い方が割合も低く、高額の方が高い割合を示している。

　具体的に、歳入に占める地方税の割合の高い市町村と低い市町村をそれぞれ10位まで表示したのが、**表68**である。上位10市町村は歳入の65～75%を地方税収入が占めており、自立的基盤が比較的強固な市町村と見ることができる。このうち愛知県飛島村は先にふれたように人口4,526人であるが臨海地域に工業団地があり多くの税収が得られることから日本一豊かな町とさえいわれている。また、大阪府田尻町は町の面積の3分の2を関西国際空港が占めており、そこから得られる税収が地方税の割合を高めている。これに対

表68 歳入に占める地方税の割合の上位・下位の市町村

	上位十位			下位十位		
順位	市町村名	県名	数値（%）	市町村名	県名	数値（%）
1	田尻町	大阪	75.79	三島村	鹿児島	0.78
2	飛島村	愛知	71.56	粟島浦村	新潟	1.47
3	箱根町	神奈川	71.11	粟国村	沖縄	2.00
4	山中湖村	山梨	70.30	十島村	鹿児島	2.19
5	中井町	神奈川	68.91	渡名喜村	沖縄	2.58
6	東海村	茨城	67.55	大和村	鹿児島	2.73
7	女川町	宮城	67.33	伊平屋村	沖縄	2.90
8	大口町	愛知	65.50	利尻町	北海道	3.23
9	聖籠町	新潟	64.84	多良間村	沖縄	3.31
10	南相木村	長野	64.47	知夫村	島根	3.33

して下位の町村は、歳入の3％程度までの低い割合であり、九州・沖縄の離島などが多数を占めている。

「3割自治」「3割以下自治」の市町村が多数を占める状況を見ると、地方自治体の財政というものがきわめて奇妙な特質をもつものであることに思い至らざるを得ない。一般的な経理の考え方からすれば、財政的に余裕があれば財布が大きくなって財政規模が膨らみ、余裕がなければわずかの金しか使えないから節約に努めざるを得ないということになるが、市町村財政の場合は、このことは当てはまらないようである。自治体として担わなければならない仕事があり、それは税収が少ないからといってやめてしまうわけにはいかない。そこで自ら調達できる地方税などの多寡にかかわりなく、地方自治体として必要な行政を行うための財源はどうしても確保しなければならず、税収が少なくても一定の財政規模を確保しなければならないことになる。「3割自治」においては、残りの7割を税金以外の自己収入や国や県からの交付金・補助金等で穴埋めしていくということになる。しかし、3割の税収に対して7割の補充というのは、もはや補充とか穴埋めという域をはるかに超えて、全く主客逆転した状況といわざるを得ないのである。

「3割自治」ということは、不足する7割の補充が重要な意味を持つということになる。そこで注目する必要があるのが、依存財源といわれる国や県からさまざまな形で交付される財政収入である。国から交付されるものとしては、地方譲与税・地方交付税・国庫負担金・交付金・国庫補助金など、都道府県からも交付金・補助金等が市町村の財政を支えることになる。これらの中には、国や県の行政をその末端として市町村が実施していることから、その費用として交付される国庫負担金や、電源立地地域対策交付金や国有提供施設等所在市町村助成交付金など特別な趣旨で交付されるもの、国や県が推奨する施策の実施のために市町村が申請しその費用の一部が補助されるものなど、その使途が限定されるものと、地方交付税のように使途の特定されていないものが含まれる。

地方譲与税・地方交付税や生活保護・児童福祉など国の行政に基づく交付金などは、ほぼすべての市町村に金額の多少はあるものの交付されているが、

表69　主要な電源立地地域対策交付金関連の市町村

市町村名	県名	電源立地地域対策交付金（国費）	電源立地地域対策交付金（県費）	歳入に占める割合	電源交付金／地方税
双葉町	福島	1,914,159	60,876	32.45	95.95
泊村	北海道	1,833,551	19,203	31.76	66.19
美浜町	福井	1,145,208	1,314,387	25.36	82.38
大熊町	福島	1,666,894	20,554	22.33	44.96
高浜町	福井	1,513,998	238,243	21.45	49.12
玄海町	佐賀	1,287,068	201,546	19.21	44.13
おおい町	福井	2,085,000	196,804	18.67	54.75
楢葉町	福島	762,643	140,947	15.24	39.49
大間町	青森	586,110	144,987	14.94	142.91
刈羽村	新潟	786,197	168,688	14.66	33.47
伊方町	愛媛	998,510	551,669	13.29	56.32
六ケ所村	青森	1,472,000	278,956	12.73	23.54
富岡町	福島	864,174	61,536	12.52	29.09

　特別な趣旨で一部の市町村だけに交付される交付金もある。電源立地地域対策交付金や国有提供施設等所在市町村助成交付金などがそれに当る。このうち電源立地地域対策交付金は国から交付されるものと県から交付されるものとがあり、国から電源立地の交付金を受けている市町村は53市町村ある。一方、県から交付されている市町村はこれよりはるかに多く、557市町村に及ぶ。（このうち34は国から交付金も受けている。）　また、国有提供施設等所在市町村助成交付金を交付されているのは297市町村である。これだけの数の市町村に交付されていることを考慮すると、ごく限られた特別の趣旨の交付金というよりも、大きな意味合いのあるものと見なければならないであろう。さらに、これらの交付金は、交付される市町村の一部にとっては、大きな意味合いを持っていることも見ておかなければならないであろう。一例として、国からと県からの分を合わせて電源立地地域対策交付金が、歳入の10%以上を占めている市町村を見ると**表69**のようになる。これらにおいては、地方税収入などと比べても、この交付金が大きな比重を占めていることが指摘できよう。

　表70は、これら依存財源が市町村財政に占めている割合を示したもので

表70 住民当り歳入額と歳入に占める依存財源の割合の関連

	20%未満	20%～	30%～	40%～	50%～	60%～	70%～	合計	市町村数
30万円未満	9.3	49.5	32.7	8.4	-	-	-	100	107
30万円～	6.9	25.1	30.3	28.4	8.4	0.9	-	100	462
40万円～	4.1	7	13	31.0	36.5	8.1	0.3	100	345
50万円～	2.8	4.5	5.4	13.1	36.9	35.1	2.3	100	222
60万円～	3.5	2.1	2.1	4.9	27.1	54.9	5.6	100	144
70万円～	2.7	0.4	1.3	2.7	13.0	52.0	27.8	100	223
100万円～	0.8	1.2	2.0	3.6	6.1	34.8	51.4	100	247
全国計	4.3	12	13.9	17	18.9	22.3	10.7	100	1,750
市町村数	75	210	243	298	330	391	203	1,750	100

ある。市町村全体で見ても、その52%は歳入の5割以上が依存財源であり、財政の半分以上を国や県から交付される財源に依拠しているということになる。とりわけ住民1人当りの歳入額の大きい市町村ではその財政の大部分が依存財源となっており、住民1人当り100万円以上という市町村の場合には、その半数以上は7割以上を依存財源によっており、86%が6割以上ということになる。70万円以上の市町村の場合も、その8割は歳入の6割以上が依存財源となっている。これに対して、住民当り30万円未満という1人当り歳入額の小さい市町村の場合には、依存財源が3割に満たないものが9割を占めている。

依存財源のうちの主要なものが地方交付税であり、**表71**は、それが歳入に占める割合を示している。ここでも傾向は表70と同様であるが、住民当

表71 住民当り歳入額と歳入に占める地方交付税の割合の関連

	不交付	10%未満	10%～	20～	30～	40～	50～	合計	市町村数
30万円未満	1.9	60.7	28.0	9.3	-	-	-	100	107
30万円～	2.8	31.2	33.3	24.2	7.4	1.1	-	100	462
40万円～	1.2	10.1	12.8	33.9	33.3	8.1	0.6	100	345
50万円～	1.4	5.9	5.9	12.2	39.6	30.6	4.5	100	222
60万円～	-	5.6	2.1	6.9	24.3	52.1	9.0	100	144
70万円～	0.4	4.0	2.2	2.2	14.8	48.9	27.4	100	223
100万円～	-	3.6	0.4	5.3	17	43.7	30.0	100	247
全国計	1.3	16.2	14.3	16.8	19.8	22.5	9.1	100	
市町村数	23	283	250	294	347	393	160		1,750

り歳入額が70万円以上の市町村では、歳入の40％以上が地方交付税収入であるというものが8割にも達する。その一方住民当り歳入額が30万円未満という市町村では、6割以上が地方交付税収入という市町村は10％に満たない。そして歳入額が大きくなるのと平行して地方交付税の歳入に占める割合も大きくなっている。すでに見てきたように、地方交付税を中心とする依存財源に多くを支えられて市町村の財政が運営されているという状況が読み取れよう。

地方交付税は、最初は平衡交付金といわれていたものであり、基本的には、市町村の財政基盤が地域によって異なるにもかかわらず、地方自治体として一定の行政水準を確保しなければならないことから、標準的な水準の行政実施に必要な財源のうち、標準的な税率で住民から徴収しうる税収で不足する部分を国が補填するという趣旨で設けられている。この場合、標準的な水準の行政については、その内容や水準を国が細かく定めており、それに基づいて基準財政需要額として、自治体ごとに算定される。また、税収についても、国が定める標準税率で課税した場合の税収総額が基準財政収入額として算定される。その上で、基準財政収入額を基準財政需要額で除して得られた数値の過去3年間の平均値が、財政力指数とされており、財政基盤の強弱を示す指標とされている。財政力指数が1を上回れば、自主財源によって財政運営を行えるという財政力の強さを示すが、ほとんどの市町村はこれを下回っている。

市町村の制度と規模の差異とに基づいて区分した市町村の財政力指数の差異を示すのが、**表72**である。ただしこの表には東京特別区は省かれている。他の市町村とは条件の違いがあるためか、財政力指数が表示されていないからである。市町村全体としてみると、財政力指数が1を上回るもの、すなわち自立的な財政を維持し得ている市町村は141（8.2％）しかない。東京都は不交付団体であるから、23区も財政力指数を計算すれば1を上回ることになるものと思われる。仮にこれを加えると164となり、全市町村の1割弱に当ることになる。これ以外の9割ないしそれ以上の市町村は、すべて標準的な財政需要を自らの税金でまかないきれないということになる。

表72 市町村の制度・規模別に見た財政力指数別市町村の割合

	0.2未満	0.2～	0.3～	0.4～	0.5～	0.6～	0.7～	0.8～	0.9～	1.0～	1.2～	市町村数
政令指定都市	-	-	-	-	-	10.5	21.1	26.3	10.5	31.6	-	19
中核市	-	-	-	2.5	12.5	15.0	20.0	30.0	5.0	12.5	2.5	40
特例市	-	-	-	-	8.1	5.4	16.2	18.9	21.6	27.0	2.7	37
市10万以上	-	-	0.6	8.2	10.5	11.1	16.4	15.2	17.5	13.5	7.0	171
市5万以上	-	1.1	9.1	14.8	11.0	18.2	17.0	10.2	8.7	6.1	3.8	264
市5万未満	0.8	17.2	24.6	21.9	16.8	7.4	5.5	2.0	1.2	2.0	0.8	256
町村2万以上	-	3.4	9.6	11.3	17.5	15.8	14.7	10.2	7.3	6.8	3.4	177
町村1万以上	2.5	27.7	23.8	15.6	10.6	6.4	3.2	2.8	2.1	1.1	4.3	282
町村5千以上	21.9	36.4	16.1	10.3	3.3	3.7	1.2	1.7	0.8	2.5	2.1	242
町村3千以上	58.3	27.5	6.7	2.5	1.7	-	-	0.8	-	0.8	1.7	120
町村3千未満	76.5	16.0	2.5	0.8	0.8	-	0.8	-	-	0.8	1.7	119
全国計	12.9	15.7	12.9	11.8	9.8	8.7	8.3	6.5	5.2	5.1	3.1	
市町村数	223	271	222	203	170	151	144	113	89	88	53	1,727

　表に見るように、財政力指数は、市町村の規模と多分に密接な関連を示している。政令指定都市・中核市・特例市など、人口30万以上の市では、指数0.5以下の市はごくわずかで、政令指定都市と特例市では、その3割は指数1以上となっている。これに対して市制を施行していても人口5万未満の場合には、その4割が0.4未満となっており、町村の場合も人口規模の小さいほど指数の数値が低く、3千未満の小規模な町村では9割以上が指数0.3未満となっている。こうした傾向が指摘できるが、その一方で規模や市・町村の区別にかかわらず、指数1を超える市町村ないしは、1に近い指数の市町村が小数ながら見られることは注意する必要がある。ただし、逆に、規模の大きな市では財政力のきわめて弱い市はほとんど見られない。

　表73は、住民1人当り歳入額と財政力指数との関連を見たものである。ここでは、財政力指数の低い市町村では住民当りの歳入規模が大きいことがまず指摘できる。そして住民当り歳入規模の小さいものでは指数が大きいことも指摘できる。さらに、指数が0.5未満などの財政力の弱い市町村で住民当り歳入額の小さい市町村は見られないのに対して、財政力の強い場合には、住民当りの歳入規模の小さい市町村だけでなく、歳入規模の大きい市町村も

表73 住民当り歳入額と財政力指数の関連

	0.2未満	0.2〜	0.3〜	0.4〜	0.5〜	0.6〜	0.7〜	0.8〜	0.9〜	1.0〜	1.2〜	市町村数
30万円未満	-	-	-	-	5.7	7.6	12.4	23.8	30.5	18.1	1.9	105
30万円〜	-	-	2.0	6.0	12.0	18.9	21.2	14.3	9.4	11.8	4.5	449
40万円〜	-	2.3	10.6	29.9	22.6	13.8	7.3	4.7	3.2	1.8	3.8	341
50万円〜	-	14.6	40.6	21.9	10.0	3.7	3.7	2.7	-	0.9	1.8	219
60万円〜	2.8	45.8	29.9	11.1	2.1	0.7	1.4	-	2.1	0.7	3.5	144
70万円〜	23.4	49.5	16.7	2.7	1.8	0.9	0.5	0.9	0.5	1.8	1.4	222
100万円〜	67.6	22.3	3.2	1.6	1.6	-	-	-	-	1.2	2.4	247
全国計	12.9	15.7	12.9	11.8	9.8	8.7	8.3	6.5	5.2	5.1	3.1	
市町村数	223	271	222	203	170	151	144	113	89	88	53	1,727

少数ながら見出せる。これらは、自主財源が豊富でかつ財政規模も大きいという、潤沢な財政基盤をもつ自治体と見ることができよう。

具体的に財政力指数の高い市町村と低い市町村を表示したのが、**表74**である。この場合、下位の町村の9位以下が同数となったので、それをすべて表示し12市町村ずつを示している。下位の町村には、これまでにもいくつかの指標で表示してきた離島や山村の町村が並んでいる。上位の市町村は、すでにふれた愛知県飛島村や原子力施設の置かれている茨城県東海村につぎ、

表74 財政力指数の上位・下位の市町村

順位	上位十二位			下位十二位		
	市町村名	県名	数値（％）	市町村名	県名	数値（％）
1	飛島村	愛知	2.55	三島村	鹿児島	0.05
2	東海村	茨城	1.69	十島村	鹿児島	0.06
3	みよし市	愛知	1.64	渡名喜村	沖縄	0.06
4	浦安市	千葉	1.61	粟島浦村	新潟	0.08
5	箱根町	神奈川	1.60	丹波山村	山梨	0.08
6	軽井沢町	長野	1.60	知夫村	島根	0.08
7	六ケ所村	青森	1.58	大和村	鹿児島	0.08
8	豊田市	愛知	1.58	伊平屋村	沖縄	0.08
9	武蔵野市	東京	1.55	西興部村	北海道	0.09
10	神栖市	茨城	1.54	昭和村	福島	0.09
11	田尻町	大阪	1.52	海士町	島根	0.09
12	山中湖村	山梨	1.51	渡嘉敷村	沖縄	0.09

トヨタなどの自動車工場のある愛知県みよし市、あるいは観光地として著名な市町など、内容的には多様なものが想定されるが、それぞれに一定の税収を確保しうる条件を備えているものと見ることができる。

　市町村行政はどのような役割を果たしているのであろうか。ここまで見てきた財源をどのように活用しているのか。市町村の歳出の内容を見ることで、その検討に当ろう。市町村の歳出は、目的別と性質別という二つの観点でそれぞれその内容が示されている。目的別の構成は、市町村の行政のどのような分野の活動に当てられた支出であるかを示し、性質別の構成はその支出がどのような手段で行われたのかを示している。もちろん、市町村によって財源の振り向け方は多分に大きな差異を含んでいるが、まず、全市町村の平均的な割り振りを見ることとしよう。表75が目的別、表76が性質別の構成比である。目的別に見ると、構成比の最も大きいのは、民生費で歳出総額の4分の1を占めている。ついで大きいのが総務費で、公債費、教育費、土木費がほぼ同列に1割を超える比重を占めている。一方、性質別では、人件費、普通建設事業費がともにほぼ17％、物件費、扶助費、公債費がともに12％ということになっている。かつては、市町村の歳出で大きな比重を占めていたのは、教育費・総務費・土木費であったが、福祉関係の施策の比重が大きく

表75　目的別歳出構成（％）

	平均	最小	最大
議会費	1.04	0.16	3.41
総務費	17.45	6.04	69.10
民生費	25.92	2.06	57.99
衛生費	8.70	2.99	24.9
労働費	0.62	0	6.93
農林水産業費	5.06	0	48.56
商工費	2.46	0	24.69
土木費	10.49	0.92	35.33
消防費	3.85	0	11.74
教育費	11.72	0	40.15
災害復旧費	0.32	0	17.35
公債費	12.24	0.21	34.88
合計	99.88		

表76　性質別歳出構成（％）

	平均	最小	最大
人件費	17.23	5.71	35.92
物件費	12.64	5.20	29.08
扶助費	12.89	0.51	37.12
補助費等	10.71	1.36	37.49
普通建設事業費	16.29	2.52	72.80
公債費	12.24	0.21	34.88
合計	82.00		

なる結果、民生費の比重が大きくなり、性質別では扶助費の比重が大きくなっている。目的別で総務費、性質別で人件費がともに17%を占めており、市町村の行政機構の維持にこの程度の費用が当られていることが想定される。借金に当る起債の返済等に充てられる公債費が12%を占めていることも眼を引く。全市町村を見たときに、これらの費目の構成比が市町村によってかなり大きい差異を見せていること、すなわち、構成比の最大の市町村と最小の市町村との開きがあまりに大きいことに驚かされる。総務費が歳出の7割に及ぶとか、重要とはいえ民生費が6割近いというのも眼を引く。また、土木費が35%、普通建設事業費が7割という、土建型の市町村もまだ見られるのかと興味深い。もっとも、民生費の相当部分は、国の行政の末端窓口となっていることから、国からの交付金によって賄われていることもふれておかねばなるまい。

　いくつかの費目について、その歳出に占める割合が、地域の特性に応じてどのような差異を見せているのか検討することとしよう。表77は、民生費について、市町村の制度別・規模別にその構成比の分布を見たものである。全体的に見ると、20%から35%までの範囲に市町村の6割以上が含まれ、

表77　市町村の制度・規模別に見た民生費の歳出に占める割合別市町村の割合

	10%未満	10%〜	15%〜	20%〜	25%〜	30%〜	35%〜	40%〜	45%〜	合計	市町村数
特別区	-	-	-	-	4.3	4.3	8.7	17.4	65.2	100	23
政令指定都市	-	-	-	-	21.1	47.4	26.3	5.3	-	100	19
中核市	-	-	-	-	10.0	32.5	40.0	15.0	2.5	100	40
特例市	-	-	-	5.4	5.4	32.4	37.8	10.8	8.1	100	37
市10万以上	-	-	-	2.3	24.6	31.6	22.2	12.9	6.4	100	171
市5万以上	-	-	0.8	11.7	30.7	35.2	15.2	4.9	1.5	100	264
市5万未満	-	0.4	7.0	27.7	39.5	19.9	4.7	-	0.8	100	256
町村2万以上	-	-	4.5	22.6	33.3	32.2	7.3	-	-	100	177
町村1万以上	-	2.8	20.6	35.1	32.6	7.1	1.8	-	-	100	282
町村5千以上	0.4	14.5	43.4	28.9	11.6	1.2	-	-	-	100	242
町村3千以上	7.5	33.3	41.7	13.3	2.5	1.7	-	-	-	100	120
町村3千未満	31.9	49.6	13.4	4.2	-	0.8	-	-	-	100	119
全国計	2.8	8.2	14.7	19.3	23.8	18.1	8.3	2.9	2.1	100	
市町村数	48	143	257	338	417	316	145	50	36		1,750

35%を超える市町村は13.3%にとどまるが、東京特別区では、45%以上が3分の2を占め、35%を超える区が9割に達している。民生費が歳出の35%を超える市は、政令指定都市で31%、中核市と特例市で57%、人口10万以上の市で41%を占めるが、それより小さい市や町村ではずっと少なくなり、人口1万未満の町村には全く見られない。一方、人口3千未満の小さい町村ではそのほとんどすべてで民生費は歳出の20%未満しか占めていない。

これといわば対照的なのが、**表78**に示す総務費の場合である。総務費は、いわば市町村の組織機構の維持費ともいうべきものであるが、全体としては歳出の20%未満を充てている場合が7割以上となっている。その中でも規模の大きな市の場合には、歳出に占める割合は15%未満であることが多く、政令指定都市のすべて、中核市・特例市の9割以上がそれに当る。そしてこれらを含めて人口10万以上の市では、総務費が歳出の25%を上回る市は見られない。それに対して、規模の小さい市や町村の場合には、歳出に占める総務費の割合は、より大きくなり、人口3千未満の町村では、その半数が歳出の25%以上を総務費に充当している。市町村の組織機構の維持には、その規模などに応じて費用の拡大する部分もあると同時に、市町村としての体制の

表78 市町村の制度・規模別に見た総務費の歳出に占める割合別市町村の割合

	10%未満	10%～	15%～	20%～	25%～	30%～	合計	市町村数
特別区	17.4	56.5	17.4	8.7	-	-	100	23
政令指定都市	89.5	10.5	-	-	-	-	100	19
中核市	47.5	45.0	5.0	2.5	-	-	100	40
特例市	24.3	73.0	2.7	-	-	-	100	37
市10万以上	11.7	67.8	17.5	2.9	-	-	100	171
市5万以上	5.3	59.8	30.7	3.0	1.1	-	100	264
市5万未満	4.3	42.2	39.1	12.1	2.0	0.4	100	256
町村2万以上	1.7	46.3	43.5	5.6	2.3	0.6	100	177
町村1万以上	1.4	24.1	44.7	19.1	7.8	2.8	100	282
町村5千以上	0.8	18.6	31.4	26.0	12.0	11.1	100	242
町村3千以上	-	5.0	30.0	25.0	16.7	23.3	100	120
町村3千未満	-	1.7	14.3	34.5	20.2	29.3	100	119
全国計	5.9	36.9	31.4	14	6.1	4.8	100	1,750
市町村数	103	645	550	245	107	100	1,750	100

維持の上で不可欠の出費もあり、規模の小さい自治体でも一定の負担が避けられない部分もあって、小規模な町村には大きな負担になっているものと見られるのである。こうしたいわば義務的な経費の負担が避けれないことから、民生費の場合には、規模の大きな市町村には比較的余裕があって、より多くの部分を振り向けることができるという、規模による差が現れているのであろうと思われる。

　こうした市町村の制度や規模との関連がより不明瞭なのが教育費である。市町村の教育費は、ほとんどの場合、小学校と中学校の運営費や建設費と教育委員会等の事務経費、社会教育関連の経費などで構成されており、高等学校や大学については、市立の場合を除くと、国や県あるいは私的な学校法人にゆだねられており、小中学校も教員給与などは国や県の負担となっている。児童・生徒数に応じて、小学校や中学校が設置されているから、規模の大きな市には当然多数の学校が置かれ、多くの経費を必要とする。表79は、市町村の制度や規模別に歳出に占める教育費の割合を示したものである。歳出に占める教育費の割合は、全体としては、ほぼ4割が10%未満、45%が10～15%で、15%を超える市町村はわずかに16%に過ぎない。しかし、東京特別

表79　市町村の制度・規模別に見た教育費の歳出に占める割合別市町村の割合

	5%未満	5%～	10%～	15%～	20%～	合計	市町村数
特別区	-	17.4	43.4	34.8	4.3	100	23
政令指定都市	-	79.0	21.1	―	―	100	19
中核市	-	37.5	60.0	2.5	―	100	40
特例市	-	35.1	64.8	―	―	100	37
市10万以上	-	29.8	62.6	6.5	1.2	100	171
市5万以上	-	26.2	60.9	10.6	2.3	100	264
市5万未満	0.4	40.2	45.7	9.7	4.0	100	256
町村2万以上	-	16.9	53.7	22.6	6.8	100	177
町村1万以上	0.4	35.8	42.9	13.1	7.8	100	282
町村5千以上	1.2	47.5	32.2	12.4	6.7	100	242
町村3千以上	5	54.2	25.0	11.7	4.2	100	120
町村3千未満	10.9	60.5	15.9	5.1	7.6	100	119
全国計	1.4	37.3	45.1	11.4	4.8	100	
市町村数	24	653	790	200	83.0		1,750

区では15％以上が39％を占めて、目立って大きい。また、政令指定都市などの規模の大きな市では5〜10％に9割が集中しているのに対して、より規模の小さい市やとりわけ町村ではより分散しており、半数以上が10％未満である反面、規模の大きい町村では2割以上が15％以上となっており、規模の大きい市をはるかに上回っている。

歳出額の市町村による差異は、歳出に占める費目別の構成比よりも、住民個々の受け取る受益の差異としてとらえることができればより望ましいことであろう。先に住民1人当りの財政規模について見たところであるが、**表80**は民生費の一部を占めると思われる扶助費について、住民1人当りの歳出額を市町村の制度と規模別に示したものである。ここでは、おおよそ規模の大きい市で住民1人当りの扶助費額が大きく、規模の小さい町村で小さいという傾向が見られる。東京特別区と政令指定都市では半数以上が9万円以上であり、中核市で45％、特例市で60％が6〜8万円、それ以下の市で4〜7万円、町村では5万円未満が半数以上となり、特に人口3千未満の小さい町村では3分の1が4万円未満となっている。

最後に、産業関係の施策として、商工費と農林水産業費についてふれてお

表80　市町村の制度・規模別に見た住民1人当り扶助費額別市町村の割合

	4万円未満	4万〜	5万〜	6万〜	7万〜	8万〜	9万〜	10万〜	合計	市町村数
特別区	-	-	-	21.7	13.0	8.7	17.4	39.1	100	23
政令指定都市	-	-	-	10.5	26.3	5.3	15.8	42.1	100	19
中核市	-	-	5.0	15.0	30.0	17.5	7.5	25.0	100	40
特例市	-	-	10.8	35.1	24.3	16.2	5.4	8.1	100	37
市10万以上	-	2.3	15.8	32.2	22.2	9.4	7.0	11.1	100	171
市5万以上	-	4.2	25.0	29.9	15.9	11.0	7.2	6.8	100	264
市5万未満	-	6.3	18.4	23.8	17.2	12.5	11.3	10.5	100	256
町村2万以上	18.6	40.7	28.2	6.2	4.5	1.7	-	-	100	177
町村1万以上	16.7	37.6	20.6	15.2	5.7	2.1	1.8	0.4	100	282
町村5千以上	16.6	40.5	22.3	10.3	6.2	2.1	1.2	0.8	100	242
町村3千以上	17.5	35.0	24.2	13.3	0.8	2.5	4.2	2.5	100	120
町村3千未満	35.3	21.8	17.6	13.4	5.9	2.5	-	3.4	100	119
合計	10.5	21.4	20.5	19.0	11.4	6.5	4.9	5.9	100	
市町村数	183	375	358	332	200	113	85	104		1,750

こう。市町村の産業関係の施策の内、商工業にかかわるものはきわめてわずかである。商工費は、先にふれたように全体的には歳出の2%あまりを占めるに過ぎない。しかも、歳出総額に占める割合は、商工費を計上しない町村も含めて1%未満が27.6%、1～2%が28.4%で、5%を超える市町村は全体の1割程度にとどまる。こうした小額のために、地域の商工業の指標との関連をとらえようと試みることは適切でないように思われる。

一方農林水産業費については、全体としては、歳出の5%未満を計上している市町村が6割にのぼり、歳出の10%を超えている市町村は全体の1割にとどまる。市町村のうち、農家のない場合を含めて、農家率が5%未満の市町村では、そのほとんどで農林水産業費の割合は3%未満であり、農家率が10%以上の市町村で3～5%程度となる。市町村の数としては少数であるが、農家率が40%を超える市町村では10%を超える場合が増加し、農業地域において一定の比重を占めていることが指摘できる。

表81　農家率と農林水産業費の歳出に占める割合との関連

農家率＼構成比	3%未満	3%～	5%～	7%～	10%～	15%～	20%～	合計	市町村数
農家なし	100	-	-	-	-	-	-	100	16
5%未満	84.7	7.0	3.8	2.8	0.8	0.8	-	100	471
5～	46.7	25.4	10.2	9.2	7.9	0.3	0.3	100	315
10～	25.3	34.2	23.6	11.0	3.0	0.8	2.1	100	237
15～	12.7	35.4	20.8	17.9	8.5	3.8	1.0	100	212
20～	6.5	28.8	24.5	21.6	12.9	2.9	2.8	100	139
25～	3.2	20.0	34.4	24.8	11.2	4.0	2.4	100	125
30～	1.1	24.7	20.2	32.6	16.9	2.2	2.2	100	89
35～	2.9	7.2	24.6	46.4	10.1	7.2	1.4	100	69
40～	2.9	14.7	20.6	23.5	35.3	2.9	-	100	34
45～	-	4.5	13.6	18.2	59.1	4.5	-	100	22
50～	-	4.8	14.3	33.3	23.8	19.0	4.8	100	21
全国計	38.1	21.0	15.7	14.1	7.9	2.1	1.1	100	
市町村数	666	368	275	247	138	37	19		1,750

13　統合的市町村像の素描

　ここまで、統計指標に基づいて、2010年時点の市町村のさまざまな側面についてその状況や分化の様相をとらえようとしてきた。多くの項目について各市町村の平均値や地方別や市町村の規模別の差異、項目間の関連などについて見てきたが、特に、人口の増減、高齢化の状況、製造業や商業の状況、住民の所得額、市町村財政の状況などについては、全般的な統計数字のみにとどまらずに、それぞれの数値の上位・下位の市町村の具体例を表示してきた。それらの表示の中には、同じ市町村がいくつかの項目に共通していた場合も見られた。現実には、各市町村は、これまで個々に取り上げてきたいくつもの側面の統合されたものとして存在しているのであるが、統計的に把握する便宜上、各側面をバラバラにして、切り離された一面だけに着目して数値化し、それを数え上げてきたのである。これらをあらためて重ね合わせることによって、より統合的な市町村像に迫ることはできないものか。以下では、そのためのささやかな試みに取り組むこととする。

　これまでに上位・下位の10市町村を表示してきたのは、①2005年に対する2010年の人口、②1980年に対する2010年の人口、③高齢化率、④製造品出荷額、⑤年間商品販売額、⑥課税所得額、⑦医師数、⑧地方税、⑨財政力指数の9項目で、それぞれに住民1人当りとか、歳入に占める構成比などのように、市町村の規模などに基づいて大都市の数値が小さい町村に比して巨大なものとなるといったことを避けるための操作を行って、数値を算出してきた。もし、これらの項目のいずれにも上位の数値である市町村があれば、その市町村は、製造業や商業などの経済活動が活発で、医療などの生活環境にも恵まれ、住民の所得も高く、高齢化もさほど進んでおらず、人口も増加ないしは低い減少率で、地方自治体としての財政基盤も安定していると見ることができる。逆に、これらの項目のいずれにおいても下位の数値であるような市町村があれば、それは大変厳しい条件におかれている市町村だということになるであろう。各市町村について、これら9項目についてどのような位置にあるのかをとらえ、その重なり合いを調べてみることが、統合的市町村像に接近しようとする試みの、まず第一の方法となる。

まず、上記の9項目のそれぞれについて、全市町村1,750の10%に当る上位175市町村と下位175市町村を取り出す。いわゆる十分位の上位と下位を抽出するわけである。ただし、上位下位ともに、175番の市町村の数値と176番の数値が同じ場合には、それも含むといった配慮を行っている。この結果、9項目各175市町村、合計延1,575市町村が選ばれることになるが、これは延べ数であり、実際には項目間で重複する市町村が多数あるので、それを整理する。その上で、9項目のうちでごく少数の項目でのみ上位・下位に該当している市町村は、ここでとらえようとする特に恵まれた状況や厳しい状況にある市町村を抽出するという趣旨に適合しないので、除外し、多くの項目に該当している市町村を選び出すこととした。

　表82は、上位・下位それぞれ175市町村を選び出した結果、取り出された市町村の各項目の数値を示したものである。上段は2010年の統計数値に基づくもの、下段は、2005年当時の状況を示すものである。例えば、最近5年間の人口増減については、2010年の場合は、上位の市町村として5年間に35%あまり増加した市町村から、3%あまり増加した市町村までの175が、また下位の市町村としては5年間に10%近く減少した市町村から30%近く減少した市町村までの175市町村が抽出され、2005年の場合には、上位の市町村として5年間にほぼ同じ割合で増加した市町村が、また下位の市町村とし

表82　上位・下位10分位に含まれる市町村の各項目の数値

			人口対比 (2010・05) (2005・2000)	人口対比 (2010・80) (2005・1980)	高齢化率 (65歳以上人口／人口)	人口当り製造品出荷額 (千円)	人口当り商品販売額 (千円)	医師1人当り人口 (人)	納税義務者当り課税所得額 (千円)	歳入に占める地方税の比率 (%)	財政力指数
2010年	上位	最上位	135.3	355.3	9.2	71,928	905,231	30	9,435	75.8	2.55
		第175位	103.2	137.5	19.7	4,806	2,782	388	3,279	47.5	0.98
	下位	最下位	70.5	26.2	57.2	0	88	10,144*	1,926	0.8	0.05
		第175位	90.4	65.4	37.1	166	572	2,215	2,303	7.7	0.18
2005年	上位	最上位	135.7	310.9	10.2	75,270	990,233		31,430	77.2	2.78
		第175位	103.7	134.4	17.6	5,126	2,826		3,520	52.3	0.99
	下位	最下位	67.2	31.2	54.4	0	0		260	1.5	0.05
		第175位	92.4	72.2	34.8	179	533		2,420	8.7	0.19

て8%から33%減少した市町村が抽出されたことになる。なお、2005年には医師についての統計数値を用意していなかったので、空欄になっており、また、2010年の最下位の数値は、本来は医師のいない市町村なので、医師1人当り人口は除数が0で無限大となるべきところであるが、ここではそれに次ぐ下位の市町村の数値をあげてある。＊をつけてあるのはその意味である。なお、東京特別区は、財政力指数が算出されていないが、これを除外することはできないので、仮に以下のような処理をすることとした。すなわち、東京都は地方交付税の不交付団体であること、また、23区に隣接する武蔵野市・三鷹市などが1を上回る財政力指数であること、などを考慮し、各区の財政力指数を仮に1として処理することとした。

　2010年、2005年ともに、上位と下位の間には各項目とも、それぞれかなり大きな差が見られる。しかし、両年度のそれぞれの項目についてみると、納税義務者当り課税所得金額を除いて、年度間の変化は小さいと見てよいであろう。

　これらの延べ1,575市町村について、重複を除いた結果、2010年の上位の場合には実際には640市町村が、9項目のいずれかで上位10分の1に該当することとなった。しかし、このうち、1～2項目のみが該当している市町村まで、恵まれた条件にあると見るのも疑問が大きい。そこでまずは、**表83**に見るように、いくつの項目に該当するかを検討することとした。2010年の上位の場合には、9項目すべてで10分位に該当する市町村は見られなかった。8項目該当が2、7項目該当が10、6項目該当が29、5項目該当が31、4項目該当が82で、ここまでの合計が155となる。9項目の過半数に該当するものということでいえば5項目以上該当の72市町村、全市町村の上位10分の1に近い数ということで155市町村を選ぶのであれば4項目以上ということになる。

　一方、下位の場合には、上位の場合と同じように下位10分の1の延べ1,575市町村から重複を除いた結果612市町村が選ばれ、これらについて該当する項目を数えあげた。この場合は、9項目すべてに該当する町村が1あり、9項目の過半に当る5項目以上該当する市町村が117、下位10分の1に近い168市町村までを数えると4項目該当ということになる。

表83 2010年上位・下位10分位に該当する市町村の状況

	該当数	県名				地方別	
上位	8	茨城 1	愛知 2				
	7	埼玉 2	千葉 1	東京 2	神奈川 1		
		山梨 1	静岡 1	愛知 2			
	6	茨城 2	埼玉 2	東京 8	神奈川 2	北海道	0
		山梨 1	愛知 11	三重 1	滋賀 1	東北	3
		大阪 1				関東	78
	5	福島 1	埼玉 4	千葉 3	東京 9	北陸	2
		神奈川 1	長野 1	岐阜 1	静岡 1	東海	36
		愛知 5	滋賀 1	大阪 1	兵庫 1	近畿	19
		福岡 2				中国	1
	4	宮城 1	福島 1	茨城 3	栃木 2	四国	2
		群馬 1	埼玉 5	千葉 8	東京 14	九州・沖縄	14
		神奈川 7	石川 2	山梨 1	岐阜 1	合計	155
		愛知 8	三重 4	滋賀 3	京都 4		
		奈良 2	広島 1	徳島 1	香川 1		
		福岡 4	長崎 1	熊本 2	沖縄 5		
下位	9	熊本 1					
	8	青森 1	秋田 2	福島 1	新潟 1		
		山口 1	高知 2				
	7	北海道 2	青森 3	秋田 1	福島 1		
		群馬 1	山梨 1	長野 2	京都 1	北海道	31
		奈良 3	和歌山 1	鳥取 1	徳島 1	東北	30
		高知 1				関東	5
	6	北海道 5	福島 2	群馬 2	山梨 2	北陸	2
		長野 6	奈良 3	和歌山 1	鳥取 1	東海	17
		島根 5	岡山 1	徳島 1	高知 3	近畿	14
		長崎 1	熊本 2	宮崎 3	鹿児島 1	中国	13
		沖縄 1				四国	19
	5	北海道 11	青森 3	岩手 4	山形 2	九州・沖縄	37
		東京 1	福井 1	長野 2	奈良 2	合計	168
		島根 1	山口 1	徳島 2	愛媛 1		
		高知 4	福岡 2	熊本 2	大分 1		
		宮崎 2	鹿児島 4	沖縄 3			
	4	北海道 18	青森 2	岩手 2	宮城 1		
		秋田 1	山形 1	福島 3	東京 1		
		長野 2	岐阜 1	愛知 1	奈良 2		
		和歌山 1	島根 1	山口 1	徳島 1		
		愛媛 1	高知 2	鹿児島 1	沖縄 7		

表83は、これらの市町村について、該当項目数ごとに、その市町村が所在する県別に市町村数をあげ、さらに地方別に集計したものである。上位と下位とで地方別の分布にきわめて大きな差異が見出せる。すなわち、上位では155市町村の半数を関東が占め、これに東海と近畿を加えると86%に及ぶ。北海道には全くなく、東北・北陸・中国・四国は、いずれも1〜3市町村を見るに過ぎない。逆に、下位の場合は、北海道・東北・九州沖縄を合わせると58%に達し、関東・北陸はそれぞれ1桁のみがあがっている。

表84はこのうち、6項目以上該当の市町村名をあげたものである。これらの市町村は、先にあげたように製造業や商業などの経済活動が活発で、医療などの生活環境にも恵まれ、住民の所得も高く、高齢化もさほど進んでおらず、人口も増加ないしは低い減少率で、地方自治体としての財政基盤も安定していると見ることができる、今日においては恵まれた状況にある市町村と見ることができよう。もちろん、9つの項目すべてに該当したわけではないから、それぞれいずれか上位10分の1に含まれていない項目を抱えていることは付け加えておく必要がある。これらの市町村を一覧すると、まず目に付くのは、東京とその周辺の市町村が多数含まれていることであろう。東京

表84　2010年上位6項目以上該当の市町村名

該当8	つくば市	茨城
	安城市	愛知
	長久手町	愛知
該当7	さいたま市	埼玉
	戸田市	埼玉
	浦安市	千葉
	中央区	東京
	港区	東京
	伊勢原市	神奈川
	昭和町	山梨
	長泉町	静岡
	刈谷市	愛知
	知立市	愛知
該当6	守谷市	茨城
	神栖市	茨城
	朝霞市	埼玉
	和光市	埼玉
	千代田区	東京
	新宿区	東京
	文京区	東京
	品川区	東京
	立川市	東京
	武蔵野市	東京
	三鷹市	東京
	府中市	東京
	厚木市	神奈川
	海老名市	神奈川
	忍野村	山梨
	豊田市	愛知
	小牧市	愛知
	大府市	愛知
	高浜市	愛知
	日進市	愛知
	みよし市	愛知
	東郷町	愛知
	豊山町	愛知
	大口町	愛知
	飛島村	愛知
	幸田町	愛知
	朝日町	三重
	栗東市	滋賀
	吹田市	大阪

23区のうち、中央区・港区・千代田区の都心3区に加えて新宿区・文京区・品川区の合計6区が含まれているほか、その周辺の三鷹市・武蔵野市・府中市・立川市や、埼玉県や神奈川県・千葉県の東京周辺の都市である戸田市・浦安市・伊勢原市・朝霞市・和光市・厚木市・海老名市などが並ぶ。次に目を引くのは愛知県の市町であろう。安城市をはじめ刈谷市・知立市・豊田市・小牧市・大府市・高浜市・日進市・みよし市など名古屋市の周辺の9市が含まれる。

表85は下位の市町村のうち、7項目以上該当の市町村名を表示したものである。北海道の歌志内市が含まれているほかは、すべて町村であり、特に村の場合が多い。ちなみに球磨村は人口4,488、深浦町は10,025、上小阿仁村は2,821、藤里町は3,925、三島町は2,003、粟島浦村は349、上関町は3,549、大川村は461である。粟島浦村は離島であるが、他の多くは規模の小さい山村が大部分を占めているといえよう。

これらの市町村は、2005年においても、同じように多くの項目に該当していた。2005年の場合には、医師数のデータを処理しなかったので、8項目について下位10分の1以内に該当するか否かをとらえている。したがって、この場合には8項目に該当するものは全項目該当ということになる。熊本県球磨村は、2005年と2010年の両年度ともに全項目

表85 2010年下位7項目以上該当の市町村名

	2010年		2005年該当数
該当9	球磨村	熊本	8
該当8	深浦町	青森	6
	上小阿仁村	秋田	7
	藤里町	秋田	6
	三島町	福島	5
	粟島浦村	新潟	5
	上関町	山口	7
	大川村	高知	6
	大月町	高知	6
該当7	歌志内市	北海道	7
	小平町	北海道	5
	今別町	青森	6
	西目屋村	青森	8
	佐井村	青森	5
	東成瀬村	秋田	5
	昭和村	福島	8
	南牧村	群馬	5
	丹波山村	山梨	7
	売木村	長野	4
	小川村	長野	5
	伊根町	京都	7
	御杖村	奈良	6
	野迫川村	奈良	6
	川上村	奈良	6
	北山村	和歌山	7
	若桜町	鳥取	7
	佐那河内村	徳島	5
	大豊町	高知	7

で該当したことになる。表示した、2010年に下位10分の1以内に7項目以上該当した市町村は、2005年に4項目該当1町村を除くとすべてが5項目以上該当しており、この間に大きな変化は見られないといってよいであろう。

　これまで見てきたのは、9項目のそれぞれについて、上位・下位10％の範囲に当てはまる項目の数によって取り出した市町村についての検討によって、全体として恵まれた条件にある市町村、厳しい状況におかれている市町村をとらえようとする試みであった。次に試みるのは、各市町村の9項目それぞれの数値を合算することによって、市町村ごとの総合点を算出しようという試みである。ただし、9項目のそれぞれの数値を単純に合算することは適切でない。項目によって、数値の大きい方が条件のよい場合と逆の場合もあり、合算する前に方向を整える必要もある。また、項目ごとに数値の単位は異なり、数値の大小があるため、単純に合算すると数値の大きい項目に左右される結果となる。そうした点を考慮し、ここでは、方向の整備をした上で、各項目ともに平均値が50になるようにして、数値の均衡を得るようにした。平均値を50にする上での処理として、偏差値に換算することも考えられるが、偏差値の場合には、散らばりを平均値の近くに集約し、両極端を狭めることになるという難点がある。換算後も、市町村の数値のもともとの散らばりに近い数値を得たいという趣旨から、平均値を50として各市町村の数値を按分することとした。こうして得られた9項目の換算値を合算したものが、以下に見る総合点である。

　総合点は、平均値が50の項目を9つ合計したものであるから、全体の平均は450となるわけであるが、実際には平均値は449.5となり、最低169点から最高19,966点までに分布している。最高点は東京都千代田区であるが、すでにふれたように、千代田区の場合には多くの項目で上位にあるだけでなく、とりわけ年間商品販売額が大阪市に匹敵するほど高額であり、人口数は大阪市よりもはるかに少ないことから、人口当たり年間商品販売額が全国の市町村の中で跳びぬけて大きく、これが影響して総合点においても飛びぬけた位置にあることになったものである。

全体的に見ると、**表86**に見るように、平均値を上回る500点以上が29%で、300点未満が21%という分布になるが、当然想定されるように地域的にかなり大きなバラツキを示している。まず、地方別に見ると、北海道・東北・四国・九州沖縄などで400点未満、300点未満の比重が大きいこと、関東・東海・中国・近畿などで600点以上の割合が全国平均を上回っていることなどが指摘できる。

　また、**表87**からは、規模の大きな都市と小規模の町村との間で大きな差が見られることが指摘できる。東京特別区では、700点以上という高点の区が3分の1を占め、全市町村の平均値である5%を大きく上回っている。政令指定都市ではそのすべてが、中核市・特例市では8割以上が500点を超えている。それに対して人口5万から10万の市の6割、5万未満の市の8割以上が500点未満となっており、さらに人口1万以下の市町村では、8割から9割が400点未満、人口3千未満の町村では8割が300点未満となっている。

　東京特別区の場合、上記の千代田区を筆頭に、中央区・港区・新宿区・文京区・台東区・渋谷区・品川区の8区が700点以上で、全市町村の平均値を下回るのは葛飾区1区である。都心・副都心などの中心的な区と周辺的な区とが分化していることは当然のこととはいえ興味深い。

　表88は、総合点の上位と下位の市町村をそれぞれ20位まで表示したもの

表86　地方別に見た2010年の総合点別市町村の分布

	300未満	300～	400～	500～	600～	700～	合計	市町村数
北海道	48.6	35.2	14.0	2.2	-	-	100	179
東北	32.9	36.8	18.0	9.2	1.8	1.3	100	228
関東	3.4	15.7	27.9	31.0	13.2	8.8	100	319
北陸	9.8	27.2	35.8	18.5	4.9	3.7	100	81
東海	14.7	19.3	25.2	22.3	8.0	10.5	100	238
近畿	11.4	23.3	23.8	27.8	8.4	5.2	100	227
中国	21.1	32.1	20.2	11.0	11.9	3.7	100	109
四国	33.0	29.8	13.8	13.8	4.3	5.4	100	94
九州・沖縄	26.9	36.0	22.5	9.5	2.9	2.2	100	275
全体	21.1	27.4	22.6	17.5	6.5	5.0	100	1,750
市町村数	370	480	395	306	113	86	1,750	100

第1部　現代日本の地域格差　105

表87　市町村の制度・規模別に見た2010年の総合点別市町村の分布

	300未満	300〜	400〜	500〜	600〜	700〜	合計	市町村数
特別区	-	-	30.4	17.4	17.4	34.8	100	23
政令指定都市	-	-	-	57.9	31.6	10.5	100	19
中核市	-	-	15.0	60.0	22.5	2.5	100	40
特例市	-	-	18.9	56.8	18.9	5.4	100	37
市10万以上	-	3.5	28.1	47.4	14.6	6.5	100	171
市5万以上	0.4	16.7	42.8	25.0	9.5	5.7	100	264
市5万未満	5.9	49.2	30.1	9.0	2.7	3.2	100	256
町村2万以上	2.3	25.4	31.1	23.2	9.6	8.4	100	177
町村1万以上	19.5	48.9	16.0	7.1	2.5	6	100	282
町村5千以上	46.3	33.1	11.6	4.5	2.5	2	100	242
町村3千以上	71.7	21.7	2.5	2.5	-	1.7	100	120
町村3千未満	81.5	12.6	5.0	0.8	-	-	100	119
全体	21.1	27.4	22.6	17.5	6.5	5.0	100	1,750
市町村数	370	480	395	306	113	86	1,750	100

表88　総合点の上位・下位20市町村

順位	上位20位までの市町村			下位20位までの市町村		
		県名	総合点		県名	総合点
1	千代田区	東京	19,966.9	大川村	高知	169.7
2	中央区	東京	7,731.2	粟島浦村	新潟	181.6
3	港区	東京	4,582.5	西目屋村	青森	182.8
4	直島町	香川	1,947.2	佐井村	青森	187.5
5	飛島村	愛知	1,865.3	昭和村	福島	191.5
6	竜王町	滋賀	1,566.2	球磨村	熊本	192.3
7	文京区	東京	1,330.8	早川町	山梨	194.3
8	苅田町	福岡	1,254.6	五木村	熊本	194.7
9	渋谷区	東京	1,220.3	三島村	鹿児島	196.3
10	幸田町	愛知	1,203.1	北川村	高知	197.4
11	新宿区	東京	1,166.8	川上村	奈良	197.4
12	六ケ所村	青森	1,143.5	上砂川町	北海道	198.6
13	豊田市	愛知	1,104.1	南牧村	群馬	198.8
14	大口町	愛知	1,045.3	天龍村	長野	200.0
15	宮若市	福岡	1,045.0	葛尾村	福島	201.6
16	豊山町	愛知	1,031.5	上勝町	徳島	202.5
17	上三川町	栃木	1,012.1	大和村	鹿児島	204.6
18	台東区	東京	1,010.4	東成瀬村	秋田	204.9
19	湖西市	静岡	1,005.1	藤里町	秋田	205.5
20	中央市	山梨	989.9	上小阿仁村	秋田	206.0

である。これまでふれてきた点に符合するように市町村が表示されている。

　なお、全国の市町村の総合点については、高点順に全市町村の10分の1ずつに区切った10分位にまとめ、それぞれに含まれる市町村を都道府県別に配列した一覧表（175市町村ずつ10列に並ぶものを4枚に分割してある）を巻末に付録として掲載してある。

　これまで、二つの方法で先に個々に検討した市町村の分化の側面を、より総合的・立体的にとらえようと試みてきた。一つは9つの項目について、それぞれ上位・下位10分の1に含まれる市町村を抽出し、9項目のうちの多くにおいて上位・下位に含まれる市町村を選び出した。多くの側面において恵まれた状況にある、あるいは厳しい条件の下にある市町村を取り出そうとしたのであった。そしてもう一つは、各市町村の9項目のそれぞれの状況を点数化し、それを一定の方針の下に合算することによって、市町村ごとの総合点を算出したのであった。この二つの方法による検討結果を示してきたところであり、それぞれの結果上位・下位に位置づけられた市町村を表示してきたところである。表84・85と表88がそれであるが、二つの表のいずれにも表示されている市町村もあれば、一方のみに表示のある市町村もある。表示したのは、全体から見ればごく小数の市町村であるので、もう少し対象を広げて、両者の重複を検討することとした。すなわち、9項目のうち4項目以上で全市町村の上位10分の1にある市町村のうちで、総合点で上位10分の1を数える市町村を選び出すこととした。いわば項目の広がりにおいても、また点数の高さにおいても、上位10分の1に当てはまる、質量ともに恵まれた状況にあると思われる市町村を選び出したわけである。

　表89がその市町村であり、85を数える。全市町村のほぼ5％に当る。県別に見て最も多いのは愛知県の21、ついで東京都の18で、この2つでおおよそ半数に近い。そのほか三重県の5、茨城県・埼玉県・滋賀県・福岡県の各4、千葉県・神奈川県・山梨県の各3などが目を引く。関東や東海の市町村が多数を占めている反面、北海道からは全く選ばれず、東北・北陸・中国・四国からはいずれも1市町村のみが顔を出すにとどまっている。

　ここまで検討してきた結果、全国の市町村は、そのうちに多分に大きな地

表89 重複して好条件にある市町村

県名	市町村名	県名	市町村名	県名	市町村名	県名	市町村名
福島	西郷村	東京	品川区	愛知	岡崎市	三重	亀山市
茨城	つくば市	東京	目黒区	愛知	半田市	三重	朝日町
茨城	守谷市	東京	大田区	愛知	刈谷市	三重	川越町
茨城	神栖市	東京	渋谷区	愛知	豊田市	滋賀	草津市
茨城	阿見町	東京	立川市	愛知	安城市	滋賀	守山市
栃木	上三川町	東京	武蔵野市	愛知	西尾市	滋賀	栗東市
群馬	大泉町	東京	三鷹市	愛知	小牧市	滋賀	竜王町
埼玉	戸田市	東京	府中市	愛知	東海市	京都	久御山町
埼玉	伊奈町	東京	羽村市	愛知	大府市	大阪	吹田市
埼玉	三芳町	東京	瑞穂町	愛知	知多市	広島	坂町
埼玉	滑川町	神奈川	平塚市	愛知	高浜市	徳島	松茂町
千葉	成田市	神奈川	厚木市	愛知	日進市	福岡	福岡市
千葉	浦安市	神奈川	伊勢原市	愛知	弥富市	福岡	筑紫野市
千葉	袖ケ浦市	石川	川北町	愛知	みよし市	福岡	新宮町
東京	千代田区	山梨	中央市	愛知	長久手町	福岡	苅田町
東京	中央区	山梨	昭和町	愛知	豊山町	熊本	大津町
東京	港区	山梨	忍野村	愛知	大口町	熊本	菊陽町
東京	新宿区	岐阜	美濃加茂市	愛知	飛島村	沖縄	西原町
東京	文京区	岐阜	岐南町	愛知	武豊町	沖縄	南風原町
東京	台東区	静岡	長泉町	愛知	幸田町		
東京	墨田区	静岡	吉田町	三重	四日市市		
東京	江東区	愛知	名古屋市	三重	鈴鹿市		

域格差を含んでいることが明らかになったといってよいであろう。そうした格差が今後どのように推移していくのかという問題は重要な意味を持っている。しかし将来の動向について接近することのできる資料は極めて乏しい。とりわけ各市町村のレベルまでの将来推計はほとんど見られないといってもよいであろう。そうした中でわずかに得られたのが将来人口の推計である。国立社会保障・人口問題研究所では、以前から将来人口の推計を行って発表してきているが、2000年の人口に基づく平成15年12月推計以降、2005年、2010年の人口に基づく市町村別将来人口の推計を行って公表してきている。さまざまな将来予測のうちで、人口予測は、最も信憑性が高いとされており、同研究所の将来人口推計は、さまざまな場面で活用されている。ここでは、2010年の人口に基づく将来人口推計を利用することとした(国立社会保障・

人口問題研究所『日本の地域別将来推計人口 —— 平成22（2010）〜52（2040）年 —— 平成25年3月推計』）。この推計による2020年と2030年の人口について、2010年を100とした場合の指数を市町村別に利用することとした。ただし、この25年推計では、東日本大震災にともなう福島第一原子力発電所の事故の影響で福島県内の市町村については、今後の推移を見通すことが困難であるという事情から、推計値が示されていない。これを除外することは問題が大きいので、福島県内の市町村については、5年前の2005年の人口に基づく平成20年推計の数値を仮に利用することとしている。

さて、同研究所の推計によると、市町村別の2010年に対する2020年の人口指数は、平均が91.4、最大が116.7、最小が67.6であり、2030年の人口推計は、平均が81.9、最大が122.5、最小が45となっている。すなわち、平均値で見ても、2020年には人口は9％近く減少し、2030年にはさらに2割近く減少するものと見られている。その中でも、20年に116、さらに30年に122と増加する市町村もあるものの、30年には2010年の45％にまで半減以上の激減を見せる市町村もあるとされている。ここでは、2010年当時の人口動向に見られた地域格差が、さらに大きく拡大されていくものと予想されている。

このような将来人口の推計とわれわれの検討してきた地域格差とはどのように関連しているのであろうか。表90は2010年に対する2020年、表91は

表90　総合点と2010年に対する2020年の人口比率の関連

	85未満	85〜	90〜	95〜	100〜	合計	市町村数
第1位	-	2.3	17.7	40.6	39.4	100	175
第2位	0.6	2.3	16.0	50.3	30.9	100	175
第3位	0.6	3.4	37.1	37.1	21.7	100	175
第4位	0.6	15.4	37.1	32.0	14.9	100	175
第5位	1.7	26.9	46.3	19.4	5.7	100	175
第6位	6.9	47.7	31.3	8.0	6.3	100	176
第7位	12.6	64.4	17.8	4.0	1.2	100	174
第8位	32.0	43.4	17.7	5.1	1.7	100	175
第9位	49.8	36.6	10.9	2.3	0.6	100	175
第10位	71.5	24.0	4.0	0.6	-	100	175
全体	17.5	26.6	23.6	19.9	12.2	100	
市町村数	308	466	413	349	214		1,750

表91 総合点と2010年に対する2030年の人口比率の関連

	60未満	60〜	70〜	80〜	90〜	100〜	合計	市町村数
第1位	-	-	2.3	26.9	42.3	28.6	100	175
第2位	-	0.6	3.4	36.0	41.8	18.3	100	175
第3位	-	0.6	6.9	45.7	36.0	10.9	100	175
第4位	-	-	20.0	46.3	25.7	8.0	100	175
第5位	-	1.2	33.1	47.4	13.2	5.1	100	175
第6位	-	3.4	55.7	29.0	8.5	3.4	100	176
第7位	-	9.7	68.9	17.2	2.9	1.2	100	174
第8位	4.0	21.7	53.1	15.4	4.6	1.1	100	175
第9位	4.0	38.2	44.7	10.8	1.7	0.6	100	175
第10位	16.6	54.3	23.4	5.7	-	-	100	175
全体	2.5	13.0	31.1	28.1	17.7	7.7	100	
市町村数	43	227	545	491	309	135		1,750

2010年に対する2030年の人口比率と上に見てきた総合点との関連を表示したものである。ここでは、総合点については高点順に市町村数の10分の1ずつに区切った10分位にまとめたものである。二つの表のいずれも人口推計と総合点の間に緩やかな連関を読み取ることができる。

まず、2020年の推計人口についてみると、第1分位と第2分位では、8割の市町村がこの間に人口増か5％未満の減少にとどまっており、1割以上減少する市町村は2〜3％しかない。それに対して、第3分位・第4分位では10％台の減少が7割に上り、第5・6・7分位では10〜15％の減少が大部分を占め、第10分位になると7割が15％以上の減少を示し、10％以上の減少ということでは95％にまで達する。

2010年に対する2030年の人口推計についてみると、総合点との関連は同様に読み取ることができる。2030年すなわち20年後には、第10分位の市町村では、7割が30％以上人口を減らすと推計されており、95％までが20％以上の減少を見るとされている。他方第1分位では3割近く、第2分位でも2割近くが人口の増加が見込まれており、10％以内の人口減少までを加えると6割・7割に及ぶ。第6分位以下では2割以上の人口減が見込まれる市町村が半数以上を占める。結局、ほぼ総合点に沿いながら上位の市町村での人口増加ないし現状維持、中位以下の市町村での人口減、さらに下位の市町村での大

幅な減少という結果があらわになり、しかも2010年に対して2020年には格差がより拡大し、2030年にはより激しく拡大していくと見られるのである。将来の格差の拡大は、人口推計に基づいて導かれるのであるが、人口推計とわれわれの検討してきた9項目の総合点との間に緩やかながら関連が見られるだけに、わが国の地域格差は今後さらに厳しいものとなっていくことが懸念されるのである。

14　悲しいエピローグ ── 東日本大震災と原発事故

　2010年の統計をもとにした日本社会の地域格差にかかわる分析は、前節で終わることになる。しかし悲しいことに、ここで筆をおくことは許されないであろう。これまでの検討で見てきた状況は、その翌年、ほんの数ヵ月後に、様相を一変させることになる。2011年3月11日東日本大震災が発生し、さらにこの震災の引き起こした福島第一原子力発電所の大事故によって広範な地域に深刻な被害が引き起こされた。

　この震災と原発事故については、多くの指摘がなされてきているが、ここでは今後のわれわれの研究の前提となる限りのことにふれておくこととする。ここでの記述は、『東日本大震災・ダイジェスト』（近代消防社　2012年1月）、および、衛藤英達『東日本大震災被災市町村のすがた』（日本統計協会　2012年2月）によっている。前者は災害救助活動に当った消防関係の団体によって被害の概要を広くまとめられたものであり、後者は被災した市町村のうち42について統計的な資料整理に基づいて災害前後の状況を記述したものである。

　東日本大震災とそれにともなう最大遡上高38.9mという巨大な津波の被害は、北海道から東北・関東にわたる太平洋沿岸の広範な地域に甚大な被害をもたらした。表92は、2011年11月11日付で消防庁災害対策本部のまとめた資料によるものであるが、これらの被害のうち、死者・行方不明者などの人的被害と住宅の全壊とだけを県別に数えたものである。表に見るように、これらの被害が発生したのは、北海道から神奈川までの太平洋沿岸のすべての道県と山形・栃木・群馬・埼玉・東京・新潟などの内陸都県、あわせて14

都道府県に及んでいる。これに表示以外の負傷者や住宅の半壊以下あるいは火災などの被害のみの見られた県である秋田・山梨・長野・静岡・三重・大阪・徳島・高知の8府県を加えると22都道府県となり、実にわが国の半数の県が何らかの被害を被ったということになる。いかに大きな災害であり、その影響が

表92　東日本大震災による被害の状況

県名	人身被害			住宅被害
	死者	行方不明	合計	住家全壊
北海道	1		1	
青森	3	1	4	310
岩手	4,665	1,427	6,092	20,182
宮城	9,462	1,995	11,457	77,033
山形	3		3	
福島	1,885	73	1,958	18,392
茨城	24	1	25	3,210
栃木	4		4	264
群馬	1		1	
埼玉			0	22
千葉	20	2	22	783
東京都	7		7	13
神奈川	4		4	
新潟			0	39
合計	16,079	3,499	19,578	120,248

いかに広範囲におよぶものであったかを確認できる。

　なかでも被害の大きかったのが震源に近く、巨大津波に襲われた岩手・宮城・福島の3県であった。1万9千を超えるこの震災による死者・行方不明者のほとんどはこの3県の住民であった。この3県の沿岸部は震度7という巨大な地震による破壊に加え、想像を大きく超える巨大な津波によって建物も農地もすべて押し流され壊滅的な損害を被った。地震にともなう火災も多くの地域で被害をもたらした。死者・行方不明者が最も多かったのは石巻市の3,868人、陸前高田市の3,159人、釜石市の2,952人などであり、気仙沼市・大槌町・東松島市などが1,000人をこえた。死者・行方不明者と住宅全壊とに限って被害市町村を数えると、岩手県は全県の33市町村のうちの21、宮城県は35市町村のうちの32、福島県は59市町村のうちの39が被害を受けたことになる。被災地においては、住宅はもちろん工場・加工場・商店などの産業施設、港湾などのインフラ、農地、漁船など、経済活動の基盤の多くが失われた。津波の被害を受けた地域では今後も被害が繰り返される懸念もあって、それまでの居住地に住み続けることが困難になる地域も少なくな

かった。被災地から他の地域へ移住せざるを得ない人々も多数生み出した。被災地に住み続ける場合にも、きわめて不便な生活を強いられ、また生活の経済的基盤を獲得することに多くの困難を抱えなければならなかった。

　地震と津波という自然災害に加えて、東日本大震災の被害をさらに大きく複雑にし、回復を困難にさせたのが、東京電力福島第一原子力発電所の事故である。地震と津波に襲われた原子力発電所では、炉心溶融と水素爆発が発生し、大量の放射性物質を空中・水中に放出するという、最大規模の人災を引き起こしてしまった。このため、福島県の南相馬市・浪江町・双葉町・大熊町・富岡町・楢葉町・広野町・川内村・田村市・いわき市・川俣町・葛尾村・飯館村の全部または一部の住民に避難を指示し、長期にわたって帰宅できない地域の指定が行われた。広範な地域の住民に自宅に住むことが許されなくなり、避難所や仮設住宅を含めてきわめて不自由な生活を長期にわたって継続することが強制された。これらの放射能の汚染の著しい地域以外でも、大気や土壌・用水等の放射能汚染が広く認められ、広範な地域の住民が居住地を離れて汚染の少ない地域に一時的にあるいは長期にわたって移転した。

　表93はこれらの市町村について、前項で算出した総合点との関連を見たものである。10分位の区分に対応しているので、全体的にはそれぞれ10%となるところであるが、全体の中間からやや下位に当る第5・6・7分位の市

表93　総合点10分位別に見た東日本大震災の被害市町村数

	岩手	宮城	福島	計	%
第1分位	0	2	2	4	4.3
第2分位	1	5	4	10	10.9
第3分位	1	2	2	5	5.4
第4分位	1	4	5	10	10.9
第5分位	0	5	8	13	14.1
第6分位	6	4	4	14	15.2
第7分位	1	8	6	15	16.3
第8分位	2	2	3	7	7.6
第9分位	4	0	2	6	6.5
第10分位	5	0	3	8	8.7
計	21	32	39	92	100.0

町村が、ほぼ15%と全国平均に比べて5割増しとなっており、これら3つの分位で45%を占める。先に見たように、将来人口予測によると、2010年に対して2020年には、全国平均では9%程度の人口減少を見込まれているが、第5・6・7分位ではこれより多く10～15%の人口減少が見込まれており、さらに2030年には20%以上の人口減少が予測されていた。東日本大震災に襲われた地域は、このように全国平均に比べてより激しい人口減少が予測されていた地域を多く含んでいた。これらの地域が被ったきわめて厳しい被害を考えるとき、これらの地域が今後どのような推移をたどるのかおおいに懸念されるところである。

第2部　現代日本社会論ノート

1　高度にあるいは過度に発達した資本主義

　今日の日本社会については、いろいろとその特質があげられている。GNPなどに基づいて世界屈指の経済大国であるとか、情報化が目覚しく進んでいるとかいう一方、高齢化が急速に進み、人口が減少局面に入ったことを憂慮するものもある。日本社会のどのような側面を強調するかによって、描かれる社会の印象は一様ではない。しかし、こうした現象的な事象をいろいろと並べ立てても、それで日本社会が理解でき、その今後について何らかの示唆を得ることができるかといえば、それはあまり期待できないように思われる。多様な側面はそれぞれに日本社会の一面を現しているとしても、ただ単にそれらをかき集めたところで、散漫な印象を形作るだけで、それらの側面の相互の位置関係や連関はまた別の手続きを経なければ把握できないであろう。むしろ必要なことは、現代日本社会の歴史的・社会的位置づけを確認し、その基本的特質から導かれる特質と、一般にとらえられている現象的な事象との関連を検討することではなかろうか。ある程度まででも、それに成功するならば、統一的な現代日本社会像を描くことができ、それが今後どのような展開を予想されるのか、どのような方向への移行が望まれるのかを考察することができるのではないかと思われる。そうした思いから、まずは現代日本社会の歴史的位置づけを試みることとする。

高度に発達した資本主義
　まずきわめて一般的な規定として、現代日本社会が高度に発達した資本主

義社会の一つであることはあらためていうまでもないことである。さらにいうならば、後に説明するように、過度に発達した資本主義社会の一つといった方がよいかもしれない。このことだけで、現代日本社会のいくつかの側面は説明することができる。

　発達した資本主義においては、高い生産力を支える技術的基盤としてきわめて進んだ科学技術の発達・普及が見られ、また高い生産力は豊富な商品を生み出し、豊かな生活を一般化させる。もちろん後にふれるようにさまざまな格差を無視することはできないし、貧困が克服されたということは許されないが、OECD加盟国中アメリカについで2位のGDPという水準を実現しているだけに、いわゆる豊かな社会にあることはいうまでもない。こうした形での国民の生活水準の向上と環境衛生の改善、医療の進歩と普及等に支えられて日本人の平均寿命は急速に伸長し、世界最高の水準に達した。その結果実現した長寿社会は、高齢者の増加にともないいわゆる高齢化社会を招来している。

　科学技術の目覚しい発達・普及は多くの場面に見られるが、ことに重要なのが、コンピュータの発達と普及であろう。コンピュータは、規模の大きなコンピュータやパソコンなどのようにそれ自体として大きな役割を果たすだけでなく、多様な機器の中に内蔵されて自動制御の役割を果たす。情報通信技術の目覚しい発展もこの過程と密接に結びついている。インターネットが広く利用され、携帯電話をはじめとする情報機器を誰もが活用するような情報技術のいちじるしい発達・普及を見た社会は、後にふれるように明暗多様な帰結を生んでいる。

　こうした物質的な豊かさや技術的な高さは、現代日本社会の明るい姿としてとらえられるところであるが、そうした発展が多くの深刻な問題を引き起こしていることもあわせて考慮しなければならない。近代技術は大量の二酸化炭素を排出し、地球温暖化を引き起こし、各地に異常気象を招いている。また、石油をはじめとする資源の枯渇は、経済成長の持続の困難なことを示している。途上国の経済成長によって、地球規模では今後急速な人口増加が見込まれ、食料をはじめとする資源の枯渇を一層深刻化させるものと懸念さ

れている。国内においても、また世界的にも、豊かさの反面、格差と貧困の問題がより困難な課題となってきている。高度に発達した資本主義のマイナスの側面が広がってきている。その点に注目するならば、現代日本社会は、転換すべき時期を迎えておりながら、目指すべき社会の姿を未だに描ききれないでいるように思われる。

　ところで、発達した資本主義社会ということからすれば、資本主義の発展段階の上での位置づけが考慮される必要がある。この点についてかつて示されていたのは国家独占資本主義という規定である。この概念はレーニンによって提起されて、わが国では1960～70年代に多く論じられたものであったが、最近ではあまり眼にしなくなったように思われる。しかしながら、当時この概念によってとらえられていた資本主義社会の特質は、その多くが今日に引き継がれており、むしろより強化されているということができる。もちろん、この概念があまり使われなくなったのにはそれなりの理由もあったわけであり、そのことからすればいくつかの点で修正なり留保なりが必要であることも、また確かなことであろう。こうした一部留保をともないながらも、ここにこの概念をあらためて持ち出したということは、現代日本社会を基本的には国家独占資本主義の一形態としてとらえることができると考えるからに他ならない。しかしそういっただけではおそらく何も伝わらないであろう。考えているところを説明しいく必要があるが、その前にこの国家独占資本主義という概念について、それが今日ではあまり使われない概念になってしまっていることもあり、簡単な説明をしておく必要があるだろうと思われる。

国家独占資本主義とその特質

　1960～70年代には、わが国では経済学者を中心に国家独占資本主義をめぐる論議が活発に行われ、多くの書籍・論文が発表された。しかし、ここでその当時の論争に深入りすることは必要ではないので、ここでは、レーニン以来の論点を検討した上で、自説を展開された大内力『国家独占資本主義』(1970年　東京大学出版会) によって、大内の把握の概要を紹介しそれによっ

てこの概念を規定することとする。

　マルクス主義理論においては、資本主義は個別資本の自由競争を基本とする自由主義段階から、生産力の高度化にともなって株式資本と独占資本の支配を基本とする帝国主義段階へ移行する。さらに資本主義の構造的な矛盾の現われとしての恐慌とそれからの回復を繰り返しながら、帝国主義段階を過渡的な段階として、やがて社会主義に移行するものとされていた。第一次世界大戦の頃までは、西欧先進国ではすでに帝国主義段階に達していたが、社会主義はまだ現実のものではなく、理論的にあるいは社会運動の理念として語られるものにとどまっていた。しかし、第一世界大戦の渦中にロシア革命が起こり、その発展が続いたことから、にわかに社会主義は現実のものとして意識されるようになり、社会運動や帝国主義諸国の抱えていた植民地などでの民族解放運動が活気を帯びるようになって、資本主義の「全般的危機」が懸念されるようになった。そこに1929年ニューヨークの株式市場の大暴落から世界恐慌がはじまり、世界各国で製造業生産が落ち込み、農業・金融などあらゆる経済部門が大混乱におちいった。失業者があふれ、不況は長く、深く続いた。

　それまで恐慌は繰り返されてもいずれ自動的に回復すると信じられていたのであるが、この大恐慌に際しては、社会主義の現実化という背景も加わって、自動回復が可能だという自信が失われた。そこで国家が次々に景気回復政策を実施し、恐慌からの脱出を図った。その後ほどなく第二次世界大戦が起こり、その過程で恐慌からは回復することになったが、今度は戦時体制の下で国家の経済過程への介入は一層強化され、全面的なものとなった。こうして生まれた国家と資本の関係は第二次大戦後も持続し、むしろ広範化し、深化するとともに、もはや逆戻りすることのできないものとなってしまっている。こうして生まれた資本主義のあり方が国家独占資本主義というべきものであり、それは資本主義の段階としては帝国主義段階に含まれるが、社会主義の現実化という世界史的な変化にともなって生じた資本主義の変質としてとらえられる。

　この場合、国家が多様な景気回復のための政策を実施するには、それを可能にした経済的基盤がなければならない。国家はそれ以前にも、経済過程に介入していたが、それは限られた範囲にとどまっていた。それにはいくつかの理由があるが、重要なひとつは、多様な政策を展開するだけの財政的な基盤を欠いていたことによる。すなわち、それまで各国は、金本位制をとり、中央銀行が保有する金に対応するだけの紙幣を発行することができた。紙幣は中央銀行に求めれば同等

の価格の金と交換することができる兌換紙幣であった。大恐慌への対処として行われたもっとも重要な対策は、この金本位制を廃止し、不換紙幣に変換することで管理通貨制度に移行したことである。この結果、国家の機関である中央銀行は保有する金の量とは無関係に貨幣を発行することができるようになった。国家の財政は一遍に大きな余裕ができたのである。金本位制の停止は、それ以前にも一時的にはいくつかの国で行われてきたが、それを終局的に廃止し、管理通貨制度が「恒常的に定着ししかも景気調整という目的が意識的に明確なものとなるのは、1930年代のことであり、なかんずく第二次大戦後の事実といえよう。」（同書 156～7頁）

　こうして国家は、「例えば、軍事費や公共投資の拡大、国家的金融の膨張（＝財政の金融化）、信用の規制（中央銀行の国家機関化、金融の財政化、フィスカル・ポリシーの展開）、社会保障制度の拡大、価格支持とくに農産物価格支持の拡大、貿易と為替の直接・間接の管理、国家的企業（国営事業、公庫、公社、公団等々）の拡張等々」（同書　157頁）といった多様な政策を繰り広げる。これらを通じて景気の回復や景気調整を図ろうとするものであるだけに、「たとえば財政については、経費の支出にせよ、租税の徴収・公債の発行にせよ、それはすでに、単なる財政需要の調達とか国家活動の維持とかという財政固有の要求にのみしたがうものではなくなり、それ自体が有効需要の創設とか、経済安定の手段とか、金融調整の媒体とかの性格を帯びてくる。……財政が二重の性格をもつのに対応して、さまざまな経済政策もまた二重の性格をもつことに注意しておかなければならない。すなわち、それは一面では個別的な産業政策であり、労働政策であり、社会保障である。しかし同時にそれ自体が景気調節のための政策として、全体の中に位置づけられるわけである。」（同書　40～41頁）

　こうした国家独占資本主義の多様な活動によって、「広く、深く、長い恐慌から景気をともかくも比較的短い期間に回復させることに成功し、最近では、むしろ恐慌がそのようなものとして勃発することを未然に防ぐことに成功した」「この成功によって資本主義体制はともかくもその危機を回避しえたし、また現に回避しつつある。」（同書　164頁）と見られるのであるが、この点に関連しては、国家独占資本主義の政策のさらに重要な一面がかかわっている。「国内的には、国家独占資本主義と諸階級という問題、いいかえれば国家独占資本主義に対応した階級関係の変化、それにともなう社会運動なり政治運動なりの変質という問題が重要である。一口にいってしまえば、国家独占資本主義のもとでは、いわゆる中

産階級化が進み、大衆社会状態が形成されるということ。そしてそれが大衆運動に大きな変質を引き起こすということが主題である。この場合、中産階級化は、もちろん労働者の側に生ずるだけではない。いわゆる経営者革命によって、資本家階級なるものの存在がしばしばあいまいになり、経営者がサラリーマンに過ぎなくなること、そして株主層が大衆化されるとともに、大株主は機関所有者に限定され、全経済が階級というよりはむしろ機構ないし組織によって支配されるようになることもまたきわめて重要である。それは、同時に労働運動なり社会主義運動なりに対しては、その攻撃目標をあいまいにする性質をもっている。もちろん労働階級の変質もそれとならんで重要である。賃金の相対的上昇、かれらの一部の小財産所有者化、完全雇用や社会保障による生活不安の軽減等は、労働者の意識を強く変化させる。多くの国家独占資本主義国における労働運動の経済闘争中心主義への転化、社会主義政党の穏健化＝改良主義への転向がそのことの直接の反映である。」（同書41〜42頁）　こうして全般的危機に対する「強力な防波堤が築かれているのである。」（同書　164頁）

　国家独占資本主義の政策は、農民や中小企業者などにも向けられる。帝国主義段階においては、かつてのようなこれらの両極分解は見られなくなり、一部は経営を拡大して中産階級的になり、大部分は自己の経営だけでは生活が困難になって兼業形態をとるようになる。国家独占資本主義においては、農民や中小企業者に対しても、生産物が比較的有利に販売できるような措置や、兼業機会の確保などが図られる。その結果これらの層による社会運動も改良主義ないしものねだり主義の運動に陥ってしまうとされるのである。

　資本主義はその初期に見られたあからさまな労働者の搾取の上に資本家が相互に弱肉強食の生存競争を戦いながら支配するという姿から大きく変化した。自由な競争を重視し、神の見えざる手にゆだねるという考え方から、広範な国家の介入に依拠する体制に変化した。さまざまな差別が当然視されていた社会から、広く平等が目指されるようになり、人権や福祉が重んじられるようになった。今日の資本主義社会のこうした特質は、さまざまな社会運動の成果や自由や人権の尊重を求める思想の浸透などの結果であると同時に、一面において国家独占資本主義の所産と見ることができる。

　公共投資などはそれ自体インフラ整備としての目的をもって行われると同

時に資材の需要を拡大し労働者の就業機会を創出することで景気調節ないし景気変動の予防としての役割を果たし、社会保障制度の整備によって福祉国家を築くことは社会的な安定を図り社会主義運動の沈静化に結びつく。こうした二面性を重視するならば、現代日本社会の特質の多くを国家独占資本主義に帰結することもできるであろう。

　そうはいっても、資本主義の変質のすべてを国家独占資本主義の所産とすることにも疑問があろう。差別や人権の問題を掲げ、労働者の福祉を目指した広範な社会運動が長く続けられたことは当然記憶されねばならない。便利な概念ではあるにしてもそれにすべてゆだねてしまうのは一面的すぎるであろう。しかし、1930年代以降、国家の役割が次第に肥大化し、第二次大戦後いっそうそれが強まり、今日では国家の政策を離れて経済・社会を理解することは到底できない状況になってしまっていることもまた認めないわけにはいかないであろう。あまりに一面的な陰謀説に陥ることには留意しながらも、現代日本社会を国家独占資本主義の特質を色濃く備えた社会であるととらえてもよいであろう。

　しかし、そのようにいうと一昔前の埃をかぶった昔話をまた持ち出してきたのではないかと疑われるかもしれない。たしかに今日ではこの概念はあまり取り上げられなくなっているように思われる。それにはいろいろと理由があったと思われるが、ここでは二つの点にふれておくこととしたい。

社会主義の解体

　第一は、社会主義をめぐる問題とその影響である。おおよそ1960年代くらいまでは、社会主義は目指されるべき社会として大きな期待がもたれていた。民主主義と平等が保障されて、計画経済によって生産が順調に拡大して生活の向上がもたらされるものと考えられていた。国家独占資本主義は資本主義の最終の段階でやがて社会主義に移行していく経過的なものと考えられた。もっともこの頃すでにソヴィエトの動向に疑問が持たれることもあったが、先進諸国の社会主義運動においても、また途上国などでの独立運動や民族解放運動などにおいても、社会主義は理想として掲げられ続けていた。と

ころが80年代になると東欧の社会主義諸国が相次いで政権の崩壊を見せ、91年にはソヴィエトまで解体してしまう。89年のベルリンの壁の崩壊は、社会主義への期待を一挙に薄れさせてしまった。崩壊した社会主義国の多くが民主主義的な運営を実現できず独裁政権に率いられ、官僚主義によって経済活動は非効率になり、期待された生産の拡大や生活の向上を実現できなかった。そのため経済成長を進める資本主義諸国との間の格差が広がり、民衆の不満が高まらざるを得なかった。社会主義の理念そのものにもかかわらず、権力を得た人間の陥りやすい弊害が集積した結果、「現存した社会主義圏は、確かに資本主義圏との冷戦下の競合に敗れて解体していった。」(木畑洋一『20世紀の歴史』岩波新書　2014年　240頁)

「あの社会主義ではない社会主義を」という声は聞かれたものの、社会主義の魅力は大きく損なわれ、来るべき社会の像を描くことは困難になってしまった。マルクス主義への期待も大きく揺るがざるを得なかったのである。マルクス経済学に基づき、社会主義への展望を含めて提起された国家独占資本主義という概念が振り向かれなくなった理由の一つはここにある。

資本主義の社会主義化

それにもかかわらず指摘しておかなければならないのは、国家独占資本主義において取り上げられた国家の政策の多くは、社会主義において構想されていたものと重なり合う点が多いということである。資本主義は、あらためていうまでもなく、基本的には私的経営と自由競争を原則としており、社会主義はこれに対して計画経済を原則とする。国家独占資本主義においては、資本主義にもかかわらず、国家が経済計画を編成し、多様な経済政策を通じて、生産・流通過程に介入し、生産量や価格などの調整を図ろうとする。もちろん、私的経営であるから、戦時体制下の総動員体制などを除けば、計画や介入も、直接的な統制や命令ではなく、制度作りや補助金などでの誘導や行政指導としていわば間接的なものであるが、すでに自由競争は括弧つきのものになっている。また、所得の高い者に累進課税によってより多くの負担を求め、それを財源に低所得者に給付するという所得再分配による不均衡の

是正は、社会主義の目指す目標の一つであったが、これも国家独占資本主義の下での各種の社会保障制度として定着している。こうした点はほかにも指摘できるところであり、したがって国家独占資本主義は、社会主義の手法のいくつかを取り込んで変質した資本主義の姿であると見ることができる。

　もちろん資本主義が資本主義であるかぎり、取り込むことができるものには限りがある。経済活動を完全に国家がコントロールしてしまえば、それはもはや資本主義社会ではないということになろうし、資本主義の下では実現できないことである。しかし、わが国でかつて行われた米の生産調整政策などは、個々の農家に生産調整を実施する量までも指定し、罰則をもってその実施を迫ったことなどを見ると、社会主義的計画経済にぎりぎりまで接近したもののようにも思われる。

　先に大内の指摘していたのは、国家独占資本主義の諸政策によって、労働者・農民・中小企業者などの社会運動が改良主義的なものにとどまるようになるということであった。資本主義が社会主義のいくつかの政策手法を取り込むようになると、次第に政策選択の幅が縮小され、資本主義と社会主義との間での現実的な生活水準などの差が見えにくくなることも指摘できよう。仮に今日社会主義が実現したとしても、そこでの社会保障制度や所得再分配の効果にどれほどの差があるのかは、わかりにくくなってきている。政党間で自由主義的政策を主張するものと社会民主主義的な政策を主張するものとの対立が、しばしば小さな政府と大きな政府との対立として説明される。しかしその対立は程度の差であって、小さな政府の主張といっても、社会保障制度を廃止してしまうとか、国の経済計画をやめてしまうといった、国家独占資本主義的な施策からの脱却を主張することは到底できない。そして他方の大きな政府についても、いくら管理通貨制度で紙幣の発行が自由になっているといっても、その範囲には自ら限界があり、無限に大盤振る舞いを続けることはできない。自ら政策選択の幅は狭くなり、理想主義的な社会運動の高揚はますます期待しがたくなるのである。

　こうして社会主義の現実化によって導き出された国家独占資本主義の概念は、多くの社会主義国家の崩壊によって、片隅に追いやられることになって

しまったように見える。社会主義に期待が薄れる中で、マルクス主義に基づく概念は避けられて、現代資本主義といった概念がむしろ使われるようになったということになろう。しかし、現代資本主義という、いわばいつの時代にも適用できる抽象的な概念よりも、事の本質を端的に表現した概念のほうに魅力を感じるのである。

グローバリゼーションにともなう資本主義の変容

　さて、国家独占資本主義という概念が影が薄くなった理由はもう一つあるように思われる。それはグローバリゼーションの進展である。グローバリゼーションという概念は、今日の経済・社会を語る場合に欠かせない枕言葉となっている感があるが、ヒト、モノ、カネそれに情報が世界各地をめまぐるしく行き交う今日の世界は、これまでになかった多くの問題を生み出しており、今日の経済・社会を規定する重要な要因となっている。もっともこれもきわめて高度に発達した科学技術とそれを基盤とする資本主義の高度な発展が生み出した所産であることは当然のことである。第二次大戦とその後の経済成長にともない輸送手段の目覚しい発達と普及とにも支えられて、ヒトとモノの世界的な交流が目覚しく進展したことはあらためていうまでもない。その影響が多くの領域に見られることもまたいうまでもないことである。

　ここでとりわけふれておく必要があるのは、カネと情報の交流である。モノの交流の問題ではあるが、グローバリゼーションの一つの現われとされるのが、多国籍企業の展開や、生産拠点の海外進出など、企業活動が一つの国家の内部で行われるだけでなしに、国境を越えて展開するようになることがある。モノの交流がきわめて活発になり、貿易の比重がきわめて大きくなることは今日広く見られるところであるが、交流はさらに深化し、単に原料の輸入や製品の輸出にとどまらず、企業の経営や生産活動それ自体が、国家の枠を超えていくことになる。海外投資が活発化し、資本の海外進出が広がる。こうなると国家をまたいでの資金の流れが活発化せざるを得ない。カネの交流すなわち国際的な為替が経済活動において重要な位置を占めざるを得ないことになる。

わが国では、第二次大戦後1970年まで1ドル360円という固定レートで為替交換がされていたが、その後の改訂を経て80年から変動相場制に移行した。多くの先進諸国は変動相場制をとり、為替市場が国家相互に影響しあいながら為替相場を形成するようになる。日々、時々刻々に為替レートが微妙に変化する制度に先進諸国は組み込まれることになった。こうした流動性の高い為替相場が機能するには、グローバリゼーションのもう一つの現れである情報の交流が重要な前提条件となる。電気通信技術とさまざまな情報機器の目覚しい発達と普及によって、世界の隅々まで瞬時に情報交換が行える技術的条件が得られている。さまざまな経済的・社会的・政治的な情報が、瞬時に世界を駆けめぐり、それに反応して為替相場がめまぐるしく変動する。一つの国で生じた相場の変動は、たちまちのうちに世界各国の為替レートを変動させる。電気通信技術の発達が見られず、情報の交流に多くの時間が必要な時代には、今日のような変動相場制をとることは難しく、それぞれの国家が固定的な交換レートで相互に貿易を行っていたものと思われる。高度情報化（情報のグローバルな交流）の恩恵を為替制度は享受しているのである。

ところで、このような変動相場制の広がりは何をもたらすのであろうか。先に国家独占資本主義において、金本位制を廃止して管理通貨制度に移行することによって、国家（中央銀行）は自由に紙幣を発行し多様な経済・社会政策を展開することができるようになり、景気調整・恐慌防止を図ることができるようになったという指摘を紹介した。管理通貨制度によって流通する紙幣の量をコントロールすることができるようになったことが国家独占資本主義の重要な特質とされていたのである。

ところがグローバリゼーションが進むと、紙幣の価値が時々刻々に変化することになる。国家が管理した貨幣量が、実質的には為替市場において変動してしまうことになる。国家独占資本主義においては、国家が間接的にではあれ市場を管理し、国家の経済政策などを介して国家・政府の関与の下に資本活動が行われるものと想定されていた。それによって資本主義の特質ないし欠点である生産の無政府性をコントロールし、恐慌の回避や予防が図られるものとされていた。グローバリゼーションはこうした国家独占資本主義の

特質を弱体化し、市場の優越を作り出すことになる。すなわち、せっかく国家（中央銀行）が貨幣量を調節しても、それが機能する実質的価値は、為替レートの変動によって規定されることになる。国際的な為替市場が国家の決定を事実上変化させてしまうことになる。国際的な為替市場は、膨大な取引に基づく需要と供給のバランスによって定まるものであり、いずれの国の政府もこれを完全にコントロールすることはできない。

　株式会社を基盤とする独占資本主義において、株式市場が重要な役割を果たすことは、いうまでもないが、株式市場もまた、グローバリゼーションの時代には、国家のコントロールは限定的なものとならざるを得ない。国家独占資本主義において、国家は株式会社のあり方について、株式取引について、株式市場について、それぞれ詳細な法制度を整えて、緻密なコントロールを行っている。しかしながら、グローバリゼーションの下では、それらはある意味で「ザル法」にならざるを得ない。国内の会社のうちで、海外に拠点を移すものは少なくない。それらには国内の制度は部分的にしか適用できない。海外に拠点を作るものの多くは、原材料や労働力あるいは製品の市場といった経営上の有利さを求めて進出するわけであるが、中には国の規制逃れという場合も見られる。また株式市場には多くの海外投資家も加わり、政府の意向とは無関係に投資行動を展開する。株式相場は、国内の要因だけでなく、海外の多様な要因によって激しく変動する。国家の整備する法制度がカバーできない部分が次第に大きくなっていく。

　企業活動に対する課税においてさえ、グローバリゼーションは困難な問題を広げていく。課税については当然政府の定める制度があり、それに基づいて国や地方自治体に納税するわけであるが、企業のうちにはより有利な制度の国に資本移転を行うものも現れる。なかにはタックスヘーブンと呼ばれる課税を免れられる地域に移転するものも生じ、国内資産家の中には資産がどれほどあるのかすら把握できない者も生まれてきているといわれる。

　資本主義の高度な発展は、グローバリゼーションをもたらした。その結果、1930年代から数十年間にわたって、国が資本をコントロールするという国家独占資本主義が指摘されたのであるが、世界規模で結びついた巨大な資本

主義の展開にともなって、国のコントロールは部分的なものにとどまるようになり、国のコントロールを超えて世界規模での資本の激しい競争が繰り広げられるようになった。いわば資本主義は再びコントロールの効かない状態に陥ってしまったように思われる。

このことは歴史上しばしば見出される経済分野と政治分野あるいは社会分野との進展のアンバランスの一つの現れということができる。経済分野でのグローバリゼーションの進行に対して、政治分野でのグローバリゼーションの進展が遅れていると見ることができる。政治分野では従来の国民国家としての統治が支配的であり、グローバルな経済活動に対応したグローバルな政治はいまだ未成熟な状況にある。国連をはじめとする国際機関の活動は見られるものの、世界政府とでもいうべき強力な制度はいまだ現実性を持たない。さまざまな分野で国内産業の保護を目的とした関税などによる防壁が作られ、経済・社会の多くの制度が国によって異なっている。それらを調整し統一を図ろうとする動きはあるにしても、なお部分的なものにとどまっている。多国籍化する企業に対する課税は単純ではないし、極端な場合にはタックスヘーブンといわれる地域も存在している。国家的な権力による管理の枠をこえた経済活動の展開によって、ある種歪んだグローバリゼーションが進行しているのである。

過度に発達した資本主義

国家独占資本主義という概念は、このようにしてあまり用いられなくなったのではないかと思われる。冷戦が終結し、グローバリゼーションが展開するようになった今日の資本主義をどのように規定するかは、しかしここでの課題ではない。ここではただ、国家独占資本主義といわれる時期はすでに過ぎているのではないかということを指摘しておきたい。それを現代資本主義ということも、超高度資本主義ということもできよう。さきに過度に発達した資本主義といういい方をしたが、その含意の一つはこのことである。それは、一旦国家独占資本主義において獲得した恐慌を回避し予防するという特質を失い、いずれの国の政府も部分的にしか資本活動をコントロールするこ

とができなくなった、いわば再び制御不能に陥った資本主義といわざるを得ない。それが今後危機的な状況を迎えたときには、コントロールできない状態が生じる恐れがあることは考えておかなければならないであろう。

　国家独占資本主義の時代から超高度資本主義の時代に移行したということは、しかし、国家独占資本主義において指摘された特質が見られなくなったということではない。国家はますます、管理通貨制度によって貨幣をコントロールし、多くの財政投資を行って、多様な経済政策・社会政策を繰り広げて、社会的安定を図る努力を繰り広げている。問題はそれが成果をあげる保障が失われたということであり、むしろ一連の政策はますます拡充され、失われることができないものになってしまっているということである。

　このようにして、今日国家は複雑な矛盾を内包した存在となっている。すなわち、主として資本活動を中心とする経済的なグローバリゼーションの結果、国境を超えた経済活動が活発化し、国家のコントロールの及ばない領域が広がるにもかかわらず、もう一方で、国内経済政策における国家の役割は一層重要性を増すようになる。世界各地の経済動向がたちまち大多数の国に波及する状況にあるだけに、国際的な会議が頻繁に開かれ、その成果に基づく国際協調が目指される一方、あるいはむしろそれ故に却って、覇権が強調され、偏狭なまでのナショナリズムの主張が繰り広げられる。

　今日の超高度資本主義が、過度に発達した資本主義であるというのは、上に見た理由にのみよることではない。資本主義は高度に発達した結果、地球規模の深刻な環境問題を引き起こしており、乱獲や過剰な消費などによって多くの資源の枯渇を招いている。生物多様性を損なっていることもその一つである。地球規模の環境問題の一つは地球温暖化といわれる気候変動である。二酸化炭素の排出をコントロールすることによって、温暖化を防ぎ、改善することができるとされているが、現実には、国際会議が繰り返されても、それをコントロールすることができないまま気候変動は深刻化してきている。各種の資源保護においても、コントロールは必ずしも成功していない。

　近代資本主義は、それ自体成長志向を強くもつものであり、生産を拡大し、技術革新を進め、新商品を開発し、新たな市場を開拓して、経済活動の活発

化を常に目指すものである。今日の資本主義は、すでに高い技術・生産性を備え、資本の高度な集積を作り上げているだけに、成長のスピードも速く、一層急速に規模拡大を図る能力を確保している。それだけに、すでに飽食の時代といわれて久しいものがあり、市場には有り余る種類と量の商品があふれている。毎日膨大な量の食品が消費されることなく廃棄されているということに端的に現れているように、生活上必要な量をはるかに上回る商品が生産され、資源を浪費しているのであるが、それを誰もとめることができない。

さらに問題なのは、資本主義は成長を遂げるにともなって貧富の格差を拡大していくということであり、それがさらに地域格差をはじめとしてさまざまな格差を生み、激化させていくことである。資本主義の下での貧富の拡大は構造的な問題であるが、資本主義の高度な発達にともなって、独占的な大資本と中小資本との格差は一層拡大し、また大資本を中心とする成長部門と零細な生産者が多数を占める部門との間の産業間の不均等発展も一層際立つものとなる。こうした資本間・産業間の不均等発展や格差が地域に投影されたものが地域格差である。地域格差は経済的な格差としてだけでなく、人口の分布や生活環境施設などの分布にも大きく影響し、それがさらに地域の格差を強化することになる。すでに以前から南関東・中京地区・阪神地区などの太平洋側の大都市を中心とする地域と東北・山陰・四国・九州などとの格差が強まり、これらの間での人口の流動などの問題が生じていたが、近年では東京一極集中という形で、東京の突出した集積と地方の衰微とが問題化し、広い地域についてその人口減少による「地方消滅」が懸念されるに至っている。

もちろん、所得格差や地域格差に対して対応がされていないわけではない。国家独占資本主義的な政策の大きな目的が社会的安定を図ることであるだけに、労働者の賃金についても最低賃金が法制化されており、さまざまな社会保障制度が整えられるなどの所得再分配の施策が講じられている。また、地域格差についても、大都市への集中に対して人口や産業の分散を図り、地方の振興を目的とする施策が進められている。しかし、それらが十分な成果をあげているわけではない。大資本はますます巨大化し、首都圏はより一層集

中を見せている。

変化の兆し

　もっとも、新しい状況がないわけではない。いくつかの変化の兆しが指摘されているが、ここでは二つの点だけをあげておく。第一は、わが国の人口の動向である。「2008年には1億2,808万を記録し、史上最大の人口規模に達した。しかし、20世紀後半の持続的な出生力低下の影響に加えて、11年の東日本大震災によって2万人以上の人命を一時に失い、……13年には1億2,730万で、人口減少が続いている。……日本は人口減少時代に入ったといえる。」(日本統計協会『統計で見る日本　2014』8頁) 人口が減少に転じた大きな理由は出生力の低下であり、その結果、先にふれた長寿化とあいまっていわゆる少子高齢化社会を招来している。「1950年には、15歳未満人口は35.4％、65歳以上人口は4.9％であったが、その後、前者は縮小傾向、後者は増大傾向を示し、2000年には両者の年齢構成上の地位は逆転し、その後も少子高齢化の傾向は続き、13年には15歳未満は12.9％、65歳以上は25.1％を記録するにいたった。」(同上書　14頁)

　少子化の要因は単純ではない。それだけにいろいろと対策が検討されているにもかかわらず、少子化の傾向に歯止めはかからない。いずれにしても明治以降多少の曲折はあるにしても、大きく人口を増加させてきたわが国が、今後人口減少時代に入ったということは、増加する人口を目当てに生産を拡大してきたことからすれば、大きな転換が求められることになる。人口の減少は消費の総量の縮小を意味するであろうし、少子化の進行はいずれ生産年齢人口の減少を招き労働力の減少を懸念させることになる。いわば生産面からも消費面からも、縮小が展望されることになり、これまで目指されてきた経済成長路線からの転換が不可欠なものとならざるを得ない。

　もう一つの要因は、東日本大震災、とりわけそれにともなって発生した東京電力福島第一原子力発電所の大事故の影響である。安価な電力といわれ、安全とされてきた原子力発電が、いったん事故を起こすと想像を絶する規模の深刻な被害をきわめて広範囲に撒き散らし、制御困難な事態を引き起こし、

莫大な費用負担を多方面に求めざるを得なくなることが明らかになり、全国的に大きな影響が生じた。電力について、あらためて必要以上の消費をしていたのではないかという見直しが広がり、危険性の大きい原子力発電を利用しないでも維持できる生産・生活様式に転換する必要があることが強調され、さらに電力にとどまらず生産・生活のすべての面において、あらためて持続可能な形を求めるべきであるという考え方が広がった。

　このような将来展望や見直しの必要性の指摘にもかかわらず、経済成長路線からの転換は容易に進もうとはしない。資本主義の本来的な拡大志向を制御することは容易でないし、国は政治的安定や投票の誘引などもあって、生産・消費の拡大を招く経済政策を展開する。それは財政負担を拡大し、取り組まなければならない財政再建をますます困難にする。矛盾を抱えながら、過度に発達した資本主義は、グローバリゼーションの下で、半ばコントロール不能の状態でさらに成長を遂げているのである。

2　「豊かな社会」における集団の劣化

　今日のわが国においては、高度に発達した資本主義の下で、豊富な商品が供給され、快適なサービスが提供され、「豊かな社会」の中での生活が広く行われている。もちろん貧困の問題が解消されてはいないし、さまざまな格差に眼を向けなければならないが、後にふれるそれらの点を考慮しても、わが国の多くの部分が、「豊かな社会」といわれるにふさわしい生活水準を維持し、快適な生活環境を享受しえていることはたしかなことであろう。

　たとえば、自家用乗用車の普及台数は、1996年に1世帯1台に達し、その後も増加を示している。コンピュータの普及もいちじるしく、「2012年末のインターネット利用者は9,652万人、人口に対する普及率（6歳以上人口に占める利用者の割合）は79.5％となっている。」（前掲『統計で見る日本』264頁）　また、大学・短期大学への進学率も、1990年以降ほぼ一貫して上昇し、2013年には、男子54.0％、女子45.6％と高い水準を示している。すでに高等学校への進学がほとんど義務教育と同様になって久しく、国民全般の教育水準の

高さから、コンピュータや自動車などの機器の利用が広範に広がる技術的条件が築かれており、人々の間で活発な情報交換や移動交流が繰り広げられるようになっている。高度情報化社会といわれる状況は、マスコミが強い影響力を持つことに注目された時代から、誰もがコンピュータや携帯を操って、自ら情報発信しあう時代へと移行した。それには情報機器の技術進歩と普及が前提条件をなすだけでなしに、広く一般の大衆がそれらを操作しうるだけの知的な水準に到達しており、わずかの習熟によってそれらを操作できるように育成されていることも重要な条件なのである。「豊かな社会」とは、ただ豊富な商品の供給されているというだけでなしに、教育の普及といった知的な側面についても、その功罪を含めて考察する必要があることを忘れるべきではない。今日若い世代の半数が大学に学んだ経験をもつようになっているが、この状況が進行して国民の過半数が大学に学んだ経験をもつようになった時代に、どのような「豊かさ」が実現しているのか考えてみることも必要であろう。

家事労働の外部化と家族の変容

　「豊かな社会」は、衣食住の変化などの単に物質的な生活だけでなく、さまざまな影響を広げている。まず、衣食住に近いところから見ていくことにする。ここでは家事労働の外部化といわれる事態が進行している。一時代前の農家などでは、衣食住の広い領域にわたって、多くの活動が家族によって分担され、あるいは近隣や親族などによって援助されてこなされていた。農家の場合、食の面では、米や野菜は自給し、味噌などの調味料や豆腐などの加工品も自家製の場合が多く、時に魚を買うくらいで生活していた。衣服も家庭内で裁縫が日常的に行われ、住宅の補修程度は自分で済ませていた。今日の多くの家庭の生活では、家事作業の多くが商品やサービスの購入あるいは公共サービスなどに依拠するようになり、家庭内で行われなくなっている。裁縫や大工仕事は、趣味として行われる以外は家族の役割でなくなり、食生活においても、食材はすべて購入され、しかも冷凍食品などの既製品や半製品の調理された皿が卓上に並ぶようになる。食事の宅配サービスやコンビニ

での弁当の販売なども盛んになっている。

　家族で多くの家事作業を担う場合には、当然それらをこなす労力が必要であり、家族員の協力が必要になり、かつてはかなり広く家事使用人が雇われていた。ここでは家族は生活していく上で欠くことのできない存在であり、家族員が協力し合うことが生活を維持していく上で不可避のことであった。家族は非常に重要な存在とされていただけに、成人したものには結婚するように強く勧められ、子供を育てて一人前と考えられた。後継者が得られて、老親の面倒が見られることで安定が維持されるものと思われていた。

　家事労働の外部化が進んでいくと、ますますさまざまな商品が生み出され、行き届いたサービスが提供されるようになり、より一層の外部化が進むようになる。ひところ、家庭での調理の機会が少なくなって、まな板や包丁のない家があるということが話題になったが、最近ではペットボトルのお茶が普及した結果、急須は何に使うものかわからなくなったという話題がある。このように外部化が深く進行すると家事労働の負担がなくなり、家族で協力するという場面が失われる。一人暮らしの増加する背景には、こうした家事労働の外部化によって、一人でもさして不自由なく暮らせるようになったという状況がある。1960年には1世帯あたりの平均人員は4.34人であったが、2010年には2.42人にまで世帯の規模が縮小した。単身世帯が全世帯の3分の1にまで達し、核家族のもとで夫婦と2人の子供とで構成されるのが標準世帯と考えられたのに対して、平均の姿は夫婦と2世帯に1人の子供という姿になってしまっている。いくつかの施策の検討において依然として夫婦と子供2人を標準世帯として検討がされているが、現実はすでにそれを全く標準としないものとなっているのである。

　こうなると家族は欠くことのできない重要な存在とはいい難くなり、現に家族を構成しない単身世帯が大きな割合を占めるようになる。若い人たちに結婚するように勧めることも少なくなり、若い人たちのきびしい経済的条件も加わって、晩婚化・非婚化が拡大する。女性の平均初婚年齢は1970年の24.7歳から2010年には29.7歳となり、また生涯未婚率は、男性の場合1970年には1.7%であったが、2010年には20.1%となっている。晩婚化は女性の

出産年齢を遅くする晩産化を招いているが、むしろ出生率の低下をもたらし、少子化の直接的な要因をなしている。

　家事労働の外部化による家族の協力の必要性の減退と並んで、家族をめぐる価値観の多様化が家族のあり方とその社会的な意義とに大きく影響している。第二次大戦までのわが国では、特に明治以降に一般化したところの、きわめて特異な位置づけが家族に与えられていた。万世一系の天皇を頂点とする帝国主義国家の支配体制に組み込まれた家族国家観がそれであり、国家のミニチュアとしての家長を頂点に世代を超えて継承される家父長的な家の制度と秩序が尊重された。世代の重層した直系家族が標準的な家族の形とされ、家を代表し継承する家長と長男には特別な優位（たとえば長子単独相続制）が与えられ、他の家族員とは異なる待遇が用意されていた。家族内部に差別の構造が作られていたのである。こうした特異な制度は、第二次大戦の敗戦によって否定された。その後、核家族を基調とし、家族員の平等を基調とする（たとえば均分相続制）家族が制度化された。世代の重層する直系家族は例外的な存在となった。しかし、われわれの家族観の中には、こうした過去の制度や家族観の残滓が残されていることもある。「〇〇家」といういい方が残り、家庭内で男女差別が指摘されることも少なくない。男性の家事参加がきわめて少ないといわれ、共働きが広がりながら妻には職業労働に加えて家事労働の負担がかかり、夫は家事労働にほとんど参加していないといわれるのも、こうした過去の家族観の残滓の一面もあろうかと思われる。その一面で、上に見たように結婚観・家族観が多様化し、家事労働の外部化によって、家族そのものが不必要とされ、単身世帯が選ばれるといった傾向が生み出されている。わが国の家族像は、こうして過去の残滓を色濃く残すものから、核家族的な友愛家族を展開するもの、さらにはすでに家族の形を失って単身生活を目指すもの、などといった多様な分化を内に含むようになっている。しかも、こうした分化がそれぞれ地域を変え、職業を変えるなどして分散的に存在しているだけでなく、家族を取り巻く条件の変化するのにともなって相互に転換し、同じ家族がさまざまな相を見せることがあることも注意しておかなければならないであろう。

老親介護と多様化する家族

　一例をあげるならば、高齢者などの介護の必要が生じた場合である。一人暮らしをしていた老親が病気になったり、老化が進んだりして、一人暮らしが困難になった場合である。こうした場合に、一つには、老人ホームや介護施設などに親の扶養を外部化の方法によって依存することも可能であろう。しかし多くの場合は、経済的負担や老親自身の希望などもあって、家族の世話を求めることになる。核家族化にともなって、すでに独立して生活していた子供の世帯が老親の介護に当ることになる。老親を引き取って3世代家族となって扶養するか、子供世帯から誰かが通うなり泊まるなりして老親の世話をするか、いずれかが選ばれることになる。いずれの場合にも、こうした際に老親の介護を担うのは多くが主に妻の負担となる。それまで平等な友愛家族を築いていた子供の家族には、潜在していた旧家制度の家族継承や男女差別の観念が浮上することも珍しくない。

　もう少し違った現象も見受けられる。それは家族の結びつきそのものにかかわる状況でもある。すなわち、従来家族は、夫婦・親子や兄弟などの近親者が、一つ屋根の下に暮らし、寝食をともにしつつ、家族員の間で役割を分担しつつ、共同生活を営むものとして考えられていた。こうした典型的な家族像は、これまで農家や小自営業などの場合に明確にとらえることができた。家族員すべてが寝食をともにし、農業などの生産活動までも協力し分担して担っていた。農家などが少数になり、通勤者が支配的になるとともに、生産活動の家族での分担は解消され、家族はもっぱら消費生活の単位となっていく。共働きが一般的になり、子供も学校に通う状況では、日中は家族員は個々別々に行動するようになり、帰宅時間もばらばらになり、家族全員が食卓を囲むことも少なくなる。家族がともに過ごす時間は、寝ている時間を除けば、1日のうちのごくわずかなものとなり、家族の集団としてのまとまりは脆弱化せざるを得なくなる。さらに家事作業の外部化が進むと、家族員の協力する場面はますます減少し、家族の機能のいくつかが失われていく。職場や学校がそこで働き学ぶ者にとって多くのエネルギーの投入が必要な負担

の大きい場であるのに対して、家族は負担の軽い場になって行く。従来社会学の教科書では、家族は基礎的な集団として特別な位置づけを与えられてきたが、今日現実には付随的な位置になってしまっているのではないかと思われる。ところが、このような状況の中で、突然老親の介護が求められることになる。それは家族に大きなエネルギーの投入を求めるものであり、それまでの日常との間に大きなギャップを生じざるを得ないことになる。日常の家族の脆弱化が進んでいればいるほど、そのギャップは大きなものとなって家族に迫ることになる。かつての多くの機能が家族によって担われていた場合には、老親の介護が加わることでのギャップはさほど大きいものではなかったし、その当時の平均寿命はずっと短かったからギャップの生じることも必ずしも一般的ではなかった。しかし今日長寿化が進み、老親の介護が広範な問題になるだけに、脆弱化した家族に生じるギャップはきわめて大きな、広範な問題に他ならない。この点に関連してもう一つふれておく必要があるのは、先に見たように、老親の介護に当って、すでに独立して離れて暮らしている子供の家族から老親の家族、あるいは単身の老親に出向いていくことが少なくないことである。この場合、老親の寝食の世話を、離れて暮らす別の家族の成員が担うわけであり、一つ屋根の下でともに生活する近親者の共同生活の単位としての家族とは異なった生活の単位が一時的にか長期的にか作られることになる。さらに高齢者の介護は必ずしも、子供の家族などが担うだけでなしに、専門的な介護スタッフが担うことも多く見られる。この場合には、この生活単位は夫婦・親子・兄弟などの近親者によって形成されるものではない。専門的な介護スタッフが短期に支援するだけでなく、長期にわたってきわめて濃密に役割を果たす場合には、そこに生まれる生活単位はむしろ家族以上のものである。すなわち、家族の脆弱化が広がる一方で、寝食を共にしない人々による生活共同や、近親者以外が加わった生活共同など、さまざまな形が生まれてくる。それらを何と呼ぶかはともかく、家族の外縁があいまいになり、多様な形態が生まれてきていることはたしかなことであろう。

　家族が生活の維持に不可欠な機能を数多く果たしていた場合には、それか

ら離れて生活していくことが誰にとっても困難であっただけに、家族は緊密な結びつきとならざるを得なかった。しかし、家族の機能が縮小し、市場や公共サービスをはじめ家族の外部に生活を維持して上での必要を充足する機会がいくらでも得られるようになると、家族を離れて生活することは困難なことではなくなる。伴侶を得ることを望みながら経済的・社会的な条件からそれがかなえられず、やむなく単身生活を送っている場合を無視することはできないとしても、単身世帯の著しい増加はその現れであり、生活上の便宜が得られ、束縛されることの少ない生活が享受される場合が少なくない。家族は主として感情的な結びつきに純化されてきている。それだけに、家族が多くの機能を果たし、それを離れて生活することができなかった時代には、家族員が相互に自制して家族の緊密な結びつきを維持しなければならなかったのに対して、今日では相互に感情の満たされることのみが求められ、感情の満たされている限りでは強靭であるが、総体としてはきわめて壊れやすい結合になってしまっている。家庭内暴力が多発し、親子の間で信じられないほど険悪な状況が生み出されることがあるのも、こうした家族の壊れやすい存在になってしまったことの一つの現れということができるであろう。

村落の変化

　家族に起こっていることと共通する状況は、地域社会の結びつきにおいても指摘できる。日本の村落は、従来、農業生産と農家生活の共同組織として緊密な結びつきを指摘されてきた。水利や山林原野の利用などの農業をめぐる共同体的な協力関係、農繁期などに際しての労働力の相互の融通を図る共同組織、祭祀や祭礼などの宗教的な協力、冠婚葬祭などにおける協力、村落の自治運営、などをはじめ、日常的な近隣の交流を通じて、村落生活が営まれてきた。これらが、農業生産の技術革新、兼業化の進展、農家人口の流出などの、日本経済の成長・発展にともなって後退し、村落の人口・戸数の減少や広範な兼業化の進展とともに、多くの共同活動・共同組織が消滅し、衰退していったことは、広く指摘されているところである。村落が果たしていた機能の多くが失われていくということは、家族の場合と共通するところが

あるが、村落の場合には成員自体が減少していくだけに事態は一層深刻であるともいうことができよう。

　増田寛也などのグループが「地方消滅」という問題提起を行ったのは2013年以降である。ここでは、国立社会保障・人口問題研究所の発表した人口の将来推計により、市町村別に出産年齢の女性の将来人口推計を利用して出生数の推計を行い、2040年に人口が半数以下に減少する市町村が多数にのぼることを指摘し、緊急の対策が必要であることを強調した。この推計の妥当性についてはいろいろと議論されているが、いずれにしても、農山村を中心に人口の減少と高齢化が進み、村落の機能の維持や村落自体の再生産が可能なのか懸念される地域が生じていることは否定できない。

　「地方消滅論」を批判して、小田切徳美は『農山村は消滅しない』(岩波新書　2014年)を著し、統計による推計だけでは農山村の実態が理解できないとし、さまざまな工夫がなされて農業生産や村落生活が再生産されていることを示している。そこでふれられている事例の一つに、以下のような農家が紹介されている。

　「この農家は、世帯主85歳と妻84歳の典型的な高齢一世代農家である。JRに勤務する長男夫婦は、隣接する町に住み、広島市に通勤している。世帯主夫婦が担当する農作業は、稲作の水管理と自家菜園の管理のみである。それ以外の田植、乾燥・調整等の機械作業は、別の農家に任せ、肥培管理や刈取等の作業もほぼ毎週末に通ってくる長男夫婦が担当している。また、米の品種の選定や作業手順・時期の決定等もゆだねている。収穫した米は、世帯主夫婦と長男夫婦がそれぞれ必要分の飯米を確保して、それ以外は農協に出荷している。」(同上書 39〜40頁)

　小田切はさらに、こうした「ウイークエンドファーマー」についての農林水産省の調査を紹介し、90年には、「中国地方についてみれば、農家総数38.8万戸に対して6.5万人の他出後継ぎがおり、そのうち51%に相当する3.3万人が農業に従事している。」ことを示した上で、徳野貞雄の「世帯は極小化しても、家族は空間をこえて機能する。」という指摘を紹介している。

　従来、村落は封鎖的な集団であるとされてきた。水利をめぐり、山林原野

をめぐり、隣村と争いを繰り返し、村落の利益を共同で守ることを役割の一つとしていた。生産・生活の共同組織も基本的に村落の内部で編成された。村落は重要な社会的単位であり、村落間連合という形で、旧来の行政村は運営されてきたのであった。それに対して、高齢化の進む村落に見られる現象は、村落の枠を超えて生産組織が編成されていく姿である。「家族は空間をこえて機能する」ということは、言い方を変えれば、「村落（の生産組織）は空間をこえて編成される」ということになる。

　上の例は、世帯主夫婦を隣町に居住する他出した長男夫婦が支援するという形であるが、外部からの支援者は、必ずしも近接する地域から得られるとは限らないし、長男夫婦などに限られるものでもない。自動車の普及はかなり離れた地域からも、ウイークエンドファーマーを呼び込んでくることができる。また、近親関係の全くない都市の居住者が、農作業に強い関心をもって定期的に援農活動に向かうという事例も数は多くないにしてもしばしば紹介される。

　このように家族も村落も、より開かれた形で共同組織を保つようになった。それは脆弱化した結びつきを補完し、補強する役割を果たしている。しかし、そうした結びつきが極めて緩やかなものにとどまらざるを得ないことも否定できない。ウイークエンドファーマーは、必要があっても平日にはやってこない。だから作業適期が限られる水管理と菜園は世帯主夫婦の仕事となり、多少の融通の利く稲作だけが長男夫婦にまかされる。老親の介護の場合にも、一つ屋根の下の家族に比べて対応できる時間や介護内容は限定的にならざるを得ない。その意味で緩やかな結びつきにとどまらざるを得ないわけであり、家族や村落など、これまで基礎的な集団とされてきた集団が脆弱化し、劣化してしまっていることは認めざるを得ない。一人暮らしの増加に具体化されているように、個人が基礎集団から離れて暮らすことが増加しており、家族や村落の内部にあっても個人化が進んでいることは明らかであろう。それを孤立化と見るか、自立化と見るか、一義的に決められないように思われる。

3 繁栄と格差の拡大

拡大する地域格差

　本書第1部で見てきたのは、わが国の市町村における地域格差の状況であった。そこでは地方別に、また市町村の規模別に、さまざまな指標において大きな格差が現れていることが明らかになった。東京を頂点にして関東・東海地方の多くの市町村と、北海道・東北・四国などの両翼の地方の市町村との間には大きな差異が見出された。さらに、これら優位にある地方の市町村のうちにも、条件に恵まれた市町村ときびしい条件におかれている市町村があることが見出された。格差は単純に地方別や市町村の規模別に分化しているというわけでなく、それぞれの内部においても格差を含み、複雑な重層的構成を示している。

　内閣府の調査によれば、2010年度の1人当り県民所得は、全国平均で287万円、最高は東京都の431万円、最低は沖縄県の203万円で、両者の間には2.1倍という開きがある。(日本統計協会『統計で見る日本　2014』162頁)

　安定的な社会を一方で志向する国家独占資本主義の下では、所得再分配政策などを通じて、格差の緩和を志向する傾向があるものとも思われるが、資本主義としての競争原理によって、現実には経済・社会の多くの場面で格差の拡大を認めることになる。

　実感的なレベルでいうならば、銀座や新宿のきらびやかな繁華街と地方都市の多くに見られるシャッター街といわれるさびしい商店街との対比を見るだけでも、地域の経済的条件の差異は歴然としているといえよう。かつてはにぎやかだった地方の商店街に並んでいた小売店は、進出してきた大型の系列スーパーやコンビニに侵食され、高齢化と人口流出による購買力の減退とによって、閉店に追い込まれていく。多くの消費者は自家用車のおかげで拠点となる町や商店を利用することで必要を満たすが、過疎山村や、高齢化が著しい都市の団地や周縁部などの場合には、近くの商店が撤退してしまって、自動車を利用できない高齢者が買い物に不自由する、いわゆるフードデザートが問題となる。農林水産庁の調査では、2013年に「自宅から500m以内に

生鮮食料品店がなく、かつ自家用車を所有していない65歳以上高齢者が、全国に約382万人存在すると指摘した。」(岩間信之「食の砂漠（フードデザート）問題の実態と宅配事業の課題」生活協同組合研究　2015年9月　31頁) フードデザート問題というのは、単に買い物が不自由というだけでなく、満足な食生活を組み立てられず、その結果、健康問題をさえ引き起こす問題であることに留意しなければならない。高度に資本主義の発達した「豊かな社会」であるにもかかわらず、これほど多くの高齢者が生鮮食料品の購入に不自由しなければならないということは、今日の日本社会が抱えている信じがたいほどの矛盾の一つの現れであろう。

　「豊かな社会」といわれて久しく、高層ビルの林立や多くの商品のあふれている百貨店やスーパー、にぎやかな商品のテレビコマーシャルなど、繁栄を現すものが溢れていることはあらためていうまでもない。ところがそれと同じ所にある問題なのかということを疑わせるほどの格差や矛盾をわれわれは認めないわけにはいかない。「豊か」なはずの社会に見られる貧しさや格差は、多く例示することができるし、それらを指摘した研究や紹介は数多く見出すことができる。しかし、ここでは思い切って政府の統計などに基づくある種官製の報告に依拠して問題の所在を考えることとした。以下、これまでもしばしば引用した日本統計協会『統計で見る日本　2014』の記述を引きながら、コメントを加えていくこととしたい。なお、(　)内の数字は同書の頁数である。

低迷する消費生活

　まず、端的に消費水準についての記述を見よう。総務省の「家計調査」に基づく結果として「勤労者世帯の実収入の動きを見ると、1980年代後半のバブル期にやや上昇を見せたものの、バブル崩壊後の不況によって98年以降マイナスとなった。2003年頃からの景気回復後も実質微減基調が続いた。07年に実質増加となったが、08年後半からリーマンショックで景気が急降下し、実収入も再び実質減少となった。09年には定額交付金の支給があったが実質減となり、10年は景気の拡大と子供手当の支給にともない、3年ぶ

りに実質増加に転じた。しかし、11年3月11日に発生した東日本大震災の地震・津波と原発事故は、家計部門を含め日本経済に大規模かつ深刻な影響を及ぼした。11年の実収入は1.7％の実質減少となり、これに連動して消費支出も2.2％の実質減少となった。」(48頁) と記述されている。実際勤労者世帯実収入は、1980年には349千円、90年には521千円となったが、その後伸び悩み、95年570千円、2000年560千円、05年524千円、10年520千円と、むしろ低下してきた。

　さらに、厚生労働省の「賃金構造基本調査」からは、以下のような指摘がされている。「男性の標準労働者（学校卒業後直ちに企業に就職し、同一企業に継続勤務している労働者）の2002年と12年の状況を比較すると、高校卒や大学卒はともに、ほとんどの年齢階級で年間収入が減少した。特に高校卒の45〜49歳では02年の821万円から12年の666万円へと155万円の減少、高校卒の50〜54歳では878万円から727万円へと151万円の減少と、10年間で年間収入が150万円以上減少した。高校卒と大学卒との差では、02年において150万円以上の差が生じたのは、55〜59歳だけであったのに対して、12年に150万円以上の差が生じたのは40歳以上の年齢階級すべてであった。2002年と2012年の状況を比較すると、男性の標準労働者における高校卒と大学卒との収入格差は、40歳から54歳までの年齢階層で拡大した。」(186頁) ここでは最近10年間におけるかなり大幅な賃金の低下と年間収入が縮小した中での学歴格差の拡大が指摘されている。

資本蓄積と労働者生活の圧迫

　労働者の賃金が低下したのは、企業の経営実績が悪く、やむなく賃金の引き下げを行ったことを想像させるが、事実はそうとはいえない。この間の企業の動向を見ると、この間に企業が大幅な資金の蓄積を行っていることが明らかになる。内閣府の国民経済計算年報の記載に基づくならば、非金融法人企業の貯蓄額は、1990年には5兆5,300億円であったが、2000年には18兆670億円、2005年には27兆9,690億円、2010年には32兆9,900億円に大きく資金余剰を示している。この間に個人企業を含む家計（一般市民）の貯蓄は、

1990年35兆9,700億円、2000年26兆2,740億円、2005年4兆1,840億円、2010年5兆6,730億円、と大きく減少しているのはきわめて対比的である（155頁）。企業は大幅に収益を上げながら、その果実を労働者に配分するどころか、むしろ賃金を切り下げ、設備投資を抑制して、ひたすら内部留保に努めている姿が浮かび上がる。グローバリゼーションの下での厳しい国際競争に対応するという口実を設けているが、こうした企業のあり方が消費の低迷を招き、さまざまな生活課題を深刻化させる要因となっていることは明らかであろう。

労働者の生活においてもう一つ生じている重要な問題は、雇用形態の変化である。「雇用者に占める正規の職員・従業員の割合は、2002年の70.6％から12年の64.8％へと10年間で5.8ポイント低下した。02年から12年までの10年間で規模が大きく変動した雇用形態の区分は労働者派遣事業所の派遣社員である。労働者派遣事業所の派遣社員は02年の43万人から08年の140万人へと97万人増加した。しかし、09年の世界金融危機による雇用調整（いわゆる「派遣切り」）のため、労働者派遣事業所の派遣社員は12年には90万人と08年の140万人に比べて50万人減少した。」(178頁) 非正規労働者への移行、不安定な派遣社員の増加という、雇用形態の変化は、労働者の地位をきわめて不安定なものにすると同時に、上に見た賃金の切り下げとも対応するものである。

総務省の家計調査によると「二人以上の世帯の年間収入（2,012年）を見ると1世帯当り平均604万円であるが、年間収入の階級別の世帯分布は平均より低いほうに偏った非対称分布を示している。」(60頁) 階級別に見たとき最も多いのは300～400万円、200万円未満も全体の2％、200～300万円は11％と、低収入世帯がかなりの多数を占めることに留意する必要があり、他方にはきわめて高額の収入を得るものも生み出されている。その一方で「貯蓄現在高についてみると年間収入よりも分布の広がりははるかに大きい。12年の貯蓄現在高は平均1,658万円であるが、約3分の2の世帯は平均以下の階級に分布している。」(60頁) 階級別に見て最も多いのは最低の階層の200万円未満で16％を占めている。逆に4,000万円以上が10％を占めており、著しい格差を示している。

若い労働者の年間収入額は、200万円未満層を含めて低い水準にあり、結婚して家庭を持つことをためらわせる大きな要因になっているといわれている。非婚化・晩婚化の原因の一つはここにあるといわれ、少子化の要因ともみなされている。その一方で、某自動車工業の社長のような、飛びぬけて高額の年間収入を得る経営者も生まれてきており、収入や貯蓄の格差はきわめて大きいものがあるといわねばならない。

このような低賃金と格差などの矛盾の現れの一つが、生活保護受給者の著しい増加である。「生活保護を受けている世帯・人員は、高齢化の進展や景気後退の影響を受けて1995年度の88.2万人を底に、その後は増加傾向で推移して2010年度は141万世帯、195.2万人となった。2011年7月には被保護者数は205万人となり、過去最多だった1951年度の204.7万人を超えた。」(110頁) 1951年度といえば、まだ戦後復興期にあって「もはや戦後ではない」という有名な経済白書の宣言よりも数年前の時期である。戦後の混乱の中でほとんどの国民が貧困にあえいでいた時期を上回る被保護者を、この「豊かな社会」において数えるという状況は異常としかいいようがないであろう。生活保護者は貧困な大群の氷山の一角に過ぎないことを考えるならば、現代日本社会が一方にきらびやかな繁栄の様相を見せながら、実は膨大な数の人々を厳しい生活に押しとどめていることが明らかになる。

また、「2012年度における非保護世帯の割合は総世帯では2.9%であったが、高齢者世帯は6.4%、母子世帯は14.7%と高い割合になっている。また、単身世帯が被保護者世帯の7割以上を占めている。」(同上) という指摘からは、家族関係の変化と貧困とが表裏の関係にあることをうかがわせる。

貧しい教育環境

豊かで繁栄しているはずであるのに、貧しい状況にあるという矛盾はいろいろな場面に指摘することができるが、最後に一つだけあげておくことにするのは学校教育費の問題である。広く知られているように、学校教育に対する国や地方自治体の財政支出は、先進諸国の中できわだって少ない。「国内総生産に対する学校教育費の割合を見ると、わが国は、私費負担割合は比較各

国中中位にあるが、公財政支出の割合が最も低い。このため、全体としての学校教育費割合は最も低く、またOECD平均を下回っており、さらなる教育投資の拡大が今後の大きな課題ともいえる。」(114頁) 国が教育投資を十分に行わず、保護者などの私費負担に依存しているというわけである。これは初等・中等教育についても当てはまるが、最も顕著なのが高等教育である。高等教育の圧倒的部分が私学によって担われており、国はこれに対してわずかな補助を行うにとどまっている。国立の場合も授業料の負担は軽いとはいえず、高等教育の多くの部分が保護者や学生自身の肩にかかってしまっている。

　初等教育の場合も、国際比較をすると貧困な状況が露呈される。「1学級あたりの児童・生徒数を各国と比べると、わが国の義務教育段階に相当する初等・中等教育（前期）共に、OECD各国平均を大幅に上回っており、特に初等教育は比較各国中最も多くなっている。」(同上) 教職員の定数を改善して、学級規模を小さくすることで行き届いた教育ができるようにということはすでに長く主張されてきたところであるが、依然として事態は改善されていない。

　労働条件を大幅に改善し、所得再分配に力を入れ、生活環境の改善に向けた財政投資を拡大していくといった施策を講じない限り、豊かな社会における貧困という問題は改善されていかないであろう。むしろ、企業が利益をあげても労働者への分配を怠って蓄積に努め、富裕層が一層蓄積を拡大していくことになれば、貧富の格差は一層拡大し、矛盾は深まり、華やかな繁栄と似つかわしくない状況があちこちに現われてくることになるに違いない。もちろん、国家独占資本主義の下では、こうした矛盾が大衆の不満の噴出を招かないような、さまざまな方策が用意されている。それらがどこまで成果をあげるのかは、予想することは困難であろう。

4　情報化社会における集団の変貌

　現代日本社会の重要な特質の一つが高度情報化社会であるということは、

これまでにもふれてきたところである。情報化社会という指摘は、すでに以前からなされていたが、一昔前までは、そのイメージはマスコミ特にテレビの急速な発達と普及に注目するものであった。大衆社会化とか、1億総白痴化といわれて、その弊害がむしろ強調されていた。それは大企業であるマスコミ企業が単純化された情報を画一的に流布し大衆の志向を制御するものとして懸念されていた。

それに対して今日の高度情報化社会はかなり異なった様相と問題点を内包している。もちろん、マスコミは今日ますます旺盛な活動を繰り広げているが、今日むしろ注目されるのは、コンピュータ、携帯、スマホ等、多様な情報機器の目覚しい進化と広範な普及である。一昔前は、電車の中では、男性はスポーツ新聞、女性は週刊誌か文庫本を広げていたのであるが、今日では、男性も女性も携帯の画面を見つめ忙しく指を動かしている。かつての情報化社会においては、庶民はもっぱらマスコミ企業の発信する情報を受け取る受け手であったが、今日では受け手であると同時に、親しい近親・友人間であるか、より広い空間宛であるかはともかく、庶民の多くが情報を発信する送り手にもなっている。マスコミが頼りであった時代には、受け手である庶民は、得られる情報の種類としてはどのチャンネルを選ぶかという程度の選択しかできなかったが、今日ではマスコミ以外に多様な情報源に接することができるようになった。そのなかには、いかがわしい情報や偏った意見ももちろん含まれるわけであり、溢れる情報の中から必要なものを選び出す情報リテラシーの重要性が繰り返し強調される。

インターネットは、個人でも広く大勢の対象に、情報や意見を伝えることができる優れた発信力を持っている。それを個々人が手に入れたことで、情報化社会は全く異なった様相を呈することになった。膨大な情報が時々刻々にインターネットやメールの空間を飛び交う。その中には日常的なつながりのある人々相互の身元の確かな情報もあれば、発信者の特定さえできない無責任な内容のものも含まれる。それらの全体を見通し、コントロールすることはもはや困難になっているとさえ思われる。さまざまな悪質なウイルスやハッカーの被害などには、対応の困難なものさえ含まれる。高度情報化社会

は、もはや過度に発展してしまった結果、制御不能になってしまっているとさえ思われる。

　機器を通じ、コンピュータや携帯の画面を通じた、いわゆるバーチャルな結びつきが広がった反面、家族や近隣などの基礎的な集団が脆弱化し、リアルな結びつきが希薄になっていく。もっともこれらの場面での差引勘定は単純ではない。共働きが広がり長時間労働が改善されないことや、塾や習い事を含めて子供が家にいる時間が短くなったことなど、家族がともに過ごす時間は少なくなった。その一方で、夫婦や親子の間でも、携帯を介した会話が頻繁に行われるようになった。バーチャルな結びつきがリアルな結びつきを補完代位している部分も見出せる。

　同じことは、広い意味での地域のつながりについても当てはまる。旧来からの近隣や村落などの機能は低下し、そのまとまりは脆弱化した。しかし、その結果個々人がばらばらに分散したというわけではない。弱体化したとはいえ、これまでの近隣や村落のむすびつきもそれなりに持続しているだけでなく、家族の場合と同じように、従来は直接顔を合わせて話し合っていたことを携帯を使って間接的に交流するという状況もある。それ以上に大きく変化したのは、近隣や村落などの限られた地域空間にこだわりなく、さまざまな機縁によって濃淡のあるネットワークが築かれてきていることであろう。行動範囲も広がっているだけに、直接的なネットワークも広がりを見せているが、機器を介した間接的なネットワークは、空間的制約なしに結びつきを作っている。かつては都市住民の行動範囲は広くその社会的交流の広がりもかなり広い地域に広がっていたのに対して、農村地域の場合には交通手段に恵まれず行動範囲も、社会的交流の空間的広がりも、狭い範囲にとどまるとされていたが、バーチャルな結びつきの比重が大きくなるにつれて、社会的交流における都市と農村の差異を大きく減らすことにもなっている。僻村からでも世界に向けた情報発信や交流が可能になっているのである。

新たなネットワークの展開と問題

　しかしながら、この結果問題になるのは、一つは、広がりを見せる機器を

介した間接的ネットワークは、機器の活用のいかんによってきわめて多くのネットワークに結びつく者と、機器の活用が少ないために貧しいネットワークしか組みえていない者との格差を広げていくことである。国境をこえて広いネットワークを築き、日常的に社会的・経済的活動を展開している者もあれば、他方には、極端な場合、一人暮らしの不器用な高齢者が、家族や地域との直接的結びつきも薄くなり、機器の扱いに不慣れで間接的なネットワークも組めないという、孤立状態に陥る危険性もある。それらの中間に、行動範囲の拡大や機器の活用のあり方などに基づいて、いくつものグラデーションを描くことができよう。

　もう一つの問題は、直接的な結びつきにせよ、間接的な結びつきにせよ、いずれもそれぞれにきわめて濃密なものから、ごく淡い接点に過ぎないものまで、多様なものが含まれているということであり、単純に直接的な結びつきが濃密で、間接的な結びつきが淡白であるということはできない。このように直接的な結びつきと間接的な結びつきが共存する中で、今日の社会生活が営まれている。

　こうした社会生活において、重要性を増していくのは、旧来の限られた地域空間の区切られた社会的交流ではなく、地域空間の制約を離れたさまざまな契機に基づいて生み出されるネットワークであろう。そのなかには、生産活動、消費活動のそれぞれにかかわる経済的なネットワークもあれば、政治的志向を持ったネットワークもあり、また文化的な契機や趣味などによって形成されるネットワークもある。もちろん、経済領域にも、政治領域にも、また文化的な領域にも、中央集権的な色彩の強いわが国の場合には、中央権力による体制的な枠組みが整備されている。経済領域は国家権力と結びついた巨大資本を中心にした資本主義的経済機構が聳え立っている。政治領域には、官僚機構に支えられた政権政党による運営が行われている。文化領域においては、それぞれの領域で伝統的な秩序が維持されている。こうした広い意味での支配層によって構築されている体制に対して、市民が社会生活の場において形成するネットワークが、新たな方向性を作り出すことができるか否かが、重要な問題である。支配層によって構築された体制に取り込まれ、

その末端として機能することが少なくなかった旧来の村落などの地域社会が脆弱化し、代わって新たに生まれてきた集団やネットワークのうちには、すでに権力的な体制に取り込まれたり、その末端として活動するようになったものも少なくない。しかし、多くの市民が自らネットワークを組み立てることが可能になっているだけに、中央集権的な体制に対して距離をもち、新たな方向を志向する活動を繰り広げているものも数多い。

5　転換期と展望

　資本主義の下では経済成長を目指し、生産の拡大を図る成長路線が必須のもののようにとらえられてきた。しかしながら、資源の枯渇の見通しに基づいて成長の限界が指摘されてからすでに長い年数がたったにもかかわらず、成長路線からの転換は十分に進められないままに推移してきた。その結果、成長の限界は一層深刻な問題を生み出すにいたった。地球温暖化や生物多様性の喪失といった環境問題の深刻化が覆いがたいものとなり、地球規模での人口爆発が懸念され、このままでは今後数十年以内に先進国においても食料の確保も困難になるのではないかといわれるようになった。こうした世界的なレベルで、従来の路線の見直しの必要が叫ばれている上に、わが国では人口の減少過程に入り、これからは生産も消費も縮小する縮小社会が到来すると予測され、また東日本大震災と原発事故は、あらためて従来の成長・開発政策に対する疑問を提起し、従来の路線からの脱却と新たな方向への転換が強く求められるようになった。現代日本社会は、現在重要な転換期に直面しているといわなければならない。

　にもかかわらず、依然として権力的な体制においては成長が目指され、そのための施策が講じられている。そこではさらに一層の経済成長によって、転換を迫っている多くの問題は解決できるという、のんきな神話にいまだ取り付かれている。あるいは権力的な体制の基盤である大資本からすれば、成長を志向するほかなく、そのために都合のよい言説を展開していると見ることもできる。その間にも地球温暖化が進み、異常気象の頻発や漁業資源の枯

渇などの問題が顕在化してきている。あらためて転換期の重要性を強調し、新たな社会、新たな路線の具体像を提起することが喫緊の課題となってきている。

新しい社会主義と協同組合

　この場合、不幸なことの一つは、社会主義の失敗である。資本主義に代わるものとしての新たな政治・経済ビジョンとして、かつて位置づけられていたのは社会主義であった。しかし、社会主義を目指した国の多くが独裁政治に陥り、官僚主義的な非効率性のために経済の低迷をもたらして相次いで瓦解した結果、今日社会主義は将来目指すべき目標という位置を失っている。しかし、資本主義の成長路線からの転換が重要な課題となるとき、社会主義という目標を簡単に放棄してしまうのは問題がある。独裁政治という印象が強いことが社会主義の問題点であるが、資本主義の場合にも、独裁政治もあれば民主政治もあることを考えれば、独裁政治に陥らない社会主義を構想することも不可能とはいえないであろう。これまでに実現した形態とは異なる社会主義を構想することは重要な課題である。しかし、これだけでは目標としても不明確であり、具体的な展開には結びつき難い。

　これまで進められてきた、そして今日なお目指されている経済成長路線においては、資本の利益追求の結果、資源を浪費し、豊かさの象徴として過剰な商品の生産が行われてきた。わが国では大量の食糧を輸入に依存する一方で、消費されずに廃棄される食料品が膨大な量に達している。店頭に溢れる商品のうちには、適切に消費者の手にわたり活用されるものばかりでなく、多くの無駄が生じていることも広く知られている。企業の激しい競争がこのような生産の無政府性を生んでおり、企業活動の規模が大きくなっているだけに浪費される資源量も莫大なものとなり、それが資源の枯渇や深刻な環境問題を引き起こす一因となっている。こうした事態の解決のためには、必要な消費量に見合った計画的な生産が求められるわけであるが、その前提として、企業の活動のコントロールと官僚制的な非効率に陥らない民主的な計画の仕組みの確立がある。

必要な消費量に見合った計画的生産の実現によって、資源問題や環境問題の改善をもたらすためには、地球規模での取り組みが必要であり、少なくとも国レベルでの取り組みが不可欠であることはいうまでもない。そのためには国家の政治・経済システムの全面的な改革が必要になるが、それはいわば計画的生産の実現と表と裏のような関係にあり、計画的生産の実現の前提であると同時に帰結でもあろう。しかしながら、その実現まで手をこまねいているならば、必要とされている転換を果たすことはいつまでもできないであろうし、その間にますます資本主義の弊害は膨らんでいくことになるであろう。それだけにたとえ得られる成果は乏しくとも、手近な所から出発して一歩一歩実現を図っていくことが望まれるところである。

　こうした文脈で参考になるのは、生協などの協同組合の理念である。協同組合は、組合員の民主的な運営によって経済活動を行う組織である。わが国では、農協・生協などそれぞれの協同組合についてさまざまな法的制約が設けられているが、全体としてきわめて多くの組合員を組織しており、活発な活動を展開している。これらが、協同組合としての理念を具体化し、さらに生産活動まで展開できるようになれば、ある範囲の地域などにおいて組合員の民主的な運営によって計画的生産を実現することも可能になるものと思われる。組織の規模を考え合わせると、かなり大きな領域で民主的な運営に基づく計画的生産を実現することができるのではないかと思われる。そうした展望の上で、経済領域における新たな市民的ネットワークが、新たな経済的ビジョンを求めて活動を展開することができれば、権力的な路線の修正を可能にするかもしれない。協同組合と並んで、社会的企業の活動やそれを支える消費者市民のネットワークの役割に期待することになろう。

　政治の領域においては、政府や国会と多くの国民との間に乖離が生じ、その結果投票率の低下や無関心層の増大などの問題が顕在化している。国民と国会との乖離は、選挙制度の不備とかかわりが深い。選挙区ごとの議員定数の配分が、裁判所が法の下の平等に反していて憲法違反であると指摘するほどに不公平であるにもかかわらず、議員や政党の利害に左右されてその是正には手がつけられない。小選挙区をはじめとする選挙区選挙では、膨大な数

の死票を生み、世論調査などで示される国民の政治志向とは大きくかけ離れた選挙結果が生まれる。それを背景に組織される政府の施策が国民の政治志向とかけ離れたものとなる。こうした状況の中で、各種の選挙で候補者の支持母体となってきたのは、旧来の地域社会の団体や企業などであった。それらの基盤が弱体化してきていることはしばしば指摘されるが、それに代わる新たな組織の形成は進んでいない。ここでも新たな契機で結ばれるネットワークの活躍に期待せざるを得ない。

　伝統的な集団に支えられ、成長を志向する体制は、いろいろな意味で転機を迎えている。伝統的集団の衰弱によって、従来の仕組みが動きにくくなってきているし、成長路線の持続がもはや困難になってきている。環境問題によって、人口減少によって、従来の路線からの転換が強く求められるようになっている。しかしながら、それに代わる新しい路線、新しい体制は、いまだ不明確な状況にある。情報化社会が生み出した、さまざまな契機で新たに生み出される集団やネットワークが、どのように成長していくのかは、今後に待たなければならないが、新たな体制を築く方向に向かうような支援が求められるところである。

附表　総合点による10分位別市町村一覧（本文103〜109頁参照）

第1分位		第2分位		第3分位		第4分位		第5分位	
総合点上限	19,966.9		611.1		543.2		495.8		449.1
下限	611.6		544.1		496.1		449.2		404.8
六ケ所村	青森	札幌市	北海道	旭川市	北海道	函館市	北海道	小樽市	北海道
金ケ崎町	岩手	室蘭市	北海道	帯広市	北海道	北見市	北海道	釧路市	北海道
仙台市	宮城	苫小牧市	北海道	芽室町	北海道	千歳市	北海道	岩見沢市	北海道
大衡村	宮城	盛岡市	岩手	弘前市	青森	砂川市	北海道	網走市	北海道
西郷村	福島	矢巾町	岩手	八戸市	青森	恵庭市	北海道	稚内市	北海道
泉崎村	福島	名取市	宮城	北上市	岩手	北広島市	北海道	江別市	北海道
土浦市	茨城	岩沼市	宮城	大河原町	宮城	石狩市	北海道	倶知安町	北海道
つくば市	茨城	利府町	宮城	大和町	宮城	中札内村	北海道	泊村	北海道
鹿嶋市	茨城	富谷町	宮城	天童市	山形	青森市	青森	幌延町	北海道
守谷市	茨城	女川町	宮城	東根市	山形	滝沢村	岩手	佐呂間町	北海道
神栖市	茨城	秋田市	秋田	いわき市	福島	塩竈市	宮城	安平町	北海道
茨城町	茨城	山形市	山形	広野町	福島	多賀城市	宮城	音更町	北海道
阿見町	茨城	米沢市	山形	古河市	茨城	村田町	宮城	釧路町	北海道
五霞町	茨城	福島市	福島	常総市	茨城	柴田町	宮城	中標津町	北海道
宇都宮市	栃木	郡山市	福島	取手市	茨城	にかほ市	秋田	石巻市	宮城
大田原市	栃木	本宮市	福島	筑西市	茨城	大潟村	秋田	白石市	宮城
矢板市	栃木	大熊町	福島	境町	茨城	寒河江市	山形	角田市	宮城
下野市	栃木	水戸市	茨城	足利市	栃木	川西町	山形	大崎市	宮城
上三川町	栃木	日立市	茨城	栃木市	栃木	三川町	山形	亘理町	宮城
芳賀町	栃木	龍ケ崎市	茨城	佐野市	栃木	会津若松市	福島	能代市	秋田
壬生町	栃木	久々市	茨城	鹿沼市	栃木	白河市	福島	酒田市	山形
前橋市	群馬	ひたちなか市	茨城	那須塩原市	栃木	相馬市	福島	新庄市	山形
太田市	群馬	東海村	茨城	さくら市	栃木	鏡石町	福島	河北町	山形
千代田町	群馬	小山市	栃木	市貝町	栃木	磐梯町	福島	須賀川市	福島
大泉町	群馬	真岡市	栃木	高根沢町	栃木	棚倉町	福島	南相馬市	福島
狭山市	埼玉	野木町	栃木	安中市	群馬	石岡市	茨城	国見町	福島
戸田市	埼玉	高崎市	群馬	川口市	埼玉	結城市	茨城	矢吹町	福島
日高市	埼玉	伊勢崎市	群馬	行田市	埼玉	北茨城市	茨城	玉川村	福島
伊奈町	埼玉	館林市	群馬	加須市	埼玉	笠間市	茨城	楢葉町	福島
三芳町	埼玉	富岡市	群馬	本庄市	埼玉	坂東市	茨城	富岡町	福島
毛呂山町	埼玉	玉村町	群馬	東松山市	埼玉	つくばみらい市	茨城	双葉町	福島
滑川町	埼玉	明和町	群馬	羽生市	埼玉	小美玉市	茨城	新地町	福島
美里町	埼玉	邑楽町	群馬	草加市	埼玉	美浦村	茨城	下妻市	茨城
神川町	埼玉	さいたま市	埼玉	蕨市	埼玉	日光市	栃木	高萩市	茨城
成田市	千葉	川越市	埼玉	入間市	埼玉	西方町	栃木	那珂市	茨城
市原市	千葉	熊谷市	埼玉	朝霞市	埼玉	沼田市	群馬	稲敷市	茨城
鴨川市	千葉	所沢市	埼玉	新座市	埼玉	渋川市	群馬	かすみがうら市	茨城
君津市	千葉	深谷市	埼玉	桶川市	埼玉	藤岡市	群馬	大洗町	茨城
浦安市	千葉	上尾市	埼玉	久喜市	埼玉	みどり市	群馬	岩舟町	栃木
袖ケ浦市	千葉	越谷市	埼玉	北本市	埼玉	吉岡町	群馬	那須町	栃木
千代田区	東京	和光市	埼玉	三郷市	埼玉	上野村	群馬	桐生市	群馬
中央区	東京	八潮市	埼玉	蓮田市	埼玉	飯能市	埼玉	草津町	群馬
港区	東京	嵐山町	埼玉	鶴ヶ島市	埼玉	春日部市	埼玉	昭和村	群馬

附表 153

(159頁までつづく・4-1)

第6分位		第7分位		第8分位		第9分位		第10分位	
404.4		370.1		331.5		295.7		261.7	
370.3		331.7		295.9		261.9		169.7	
留萌市	北海道	深川市	北海道	美唄市	北海道	新篠津村	北海道	夕張市	北海道
紋別市	北海道	登別市	北海道	芦別市	北海道	松前町	北海道	歌志内市	北海道
名寄市	北海道	森町	北海道	赤平市	北海道	知内町	北海道	福島町	北海道
根室市	北海道	八雲町	北海道	士別市	北海道	長万部町	北海道	上ノ国町	北海道
滝川市	北海道	江差町	北海道	三笠市	北海道	乙部町	北海道	厚沢部町	北海道
富良野市	北海道	余市町	北海道	木古内町	北海道	今金町	北海道	奥尻町	北海道
伊達市	北海道	南幌町	北海道	鹿部町	北海道	寿都町	北海道	せたな町	北海道
北斗市	北海道	奈井江町	北海道	留寿都村	北海道	黒松内町	北海道	島牧村	北海道
当別町	北海道	猿払村	北海道	京極町	北海道	ニセコ町	北海道	蘭越町	北海道
七飯町	北海道	浜頓別町	北海道	共和町	北海道	喜茂別町	北海道	真狩村	北海道
栗山町	北海道	美幌町	北海道	岩内町	北海道	古平町	北海道	神恵内村	北海道
東神楽町	北海道	津別町	北海道	長沼町	北海道	赤井川村	北海道	積丹町	北海道
斜里町	北海道	遠軽町	北海道	鷹栖町	北海道	由仁町	北海道	仁木町	北海道
清水町	北海道	雄武町	北海道	東川町	北海道	月形町	北海道	上砂川町	北海道
大樹町	北海道	白老町	北海道	羽幌町	北海道	新十津川町	北海道	浦臼町	北海道
本別町	北海道	厚真町	北海道	豊富町	北海道	妹背牛町	北海道	秩父別町	北海道
白糠町	北海道	浦河町	北海道	小清水町	北海道	雨竜町	北海道	北竜町	北海道
別海町	北海道	新ひだか町	北海道	訓子府町	北海道	美瑛町	北海道	沼田町	北海道
羅臼町	北海道	士幌町	北海道	湧別町	北海道	上富良野町	北海道	当麻町	北海道
十和田市	青森	幕別町	北海道	興部町	北海道	中富良野町	北海道	比布町	北海道
三沢市	青森	浜中町	北海道	壮瞥町	北海道	南富良野町	北海道	愛別町	北海道
おいらせ町	青森	黒石市	青森	洞爺湖町	北海道	占冠村	北海道	上川町	北海道
東通村	青森	五所川原市	青森	日高町	北海道	音威子府村	北海道	和寒町	北海道
大船渡市	岩手	むつ市	青森	上士幌町	北海道	幌加内町	北海道	剣淵町	北海道
花巻市	岩手	野辺地町	青森	更別村	北海道	増毛町	北海道	下川町	北海道
久慈市	岩手	宮古市	岩手	広尾町	北海道	枝幸町	北海道	美深町	北海道
一関市	岩手	雫石町	岩手	池田町	北海道	礼文町	北海道	中川町	北海道
釜石市	岩手	紫波町	岩手	厚岸町	北海道	清里町	北海道	小平町	北海道
二戸市	岩手	登米市	宮城	標茶町	北海道	置戸町	北海道	苫前町	北海道
奥州市	岩手	栗原市	宮城	鶴居村	北海道	大空町	北海道	初山別村	北海道
気仙沼市	宮城	東松島市	宮城	標津町	北海道	むかわ町	北海道	遠別町	北海道
松島町	宮城	蔵王町	宮城	平川市	青森	様似町	北海道	天塩町	北海道
七ケ浜町	宮城	川崎町	宮城	藤崎町	青森	えりも町	北海道	中頓別町	北海道
涌谷町	宮城	山元町	宮城	六戸町	青森	鹿追町	北海道	利尻町	北海道
横手市	秋田	大郷町	宮城	横浜町	青森	新得町	北海道	利尻富士町	北海道
大館市	秋田	色麻町	宮城	三戸町	青森	足寄町	北海道	滝上町	北海道
由利本荘市	秋田	加美町	宮城	階上町	青森	浦幌町	北海道	西興部村	北海道
八郎潟町	秋田	美里町	宮城	陸前高田市	岩手	弟子屈町	北海道	豊浦町	北海道
鶴岡市	山形	湯沢市	秋田	八幡平市	岩手	つがる市	青森	平取町	北海道
上山市	山形	大仙市	秋田	岩手町	岩手	平内町	青森	新冠町	北海道
長井市	山形	小坂町	秋田	平泉町	岩手	田舎館村	青森	豊頃町	北海道
南陽市	山形	高畠町	山形	一戸町	岩手	板柳町	青森	陸別町	北海道
二本松市	福島	喜多方市	福島	丸森町	宮城	鶴田町	青森	今別町	青森

(附表つづき・4-2)

第1分位		第2分位		第3分位		第4分位		第5分位	
新宿区	東京	吉見町	埼玉	川島町	埼玉	鴻巣市	埼玉	板倉町	群馬
文京区	東京	千葉市	千葉	上里町	埼玉	志木市	埼玉	秩父市	埼玉
台東区	東京	市川市	千葉	白岡町	埼玉	坂戸市	埼玉	鳩ヶ谷市	埼玉
墨田区	東京	船橋市	千葉	木更津市	千葉	幸手市	埼玉	富士見市	埼玉
江東区	東京	茂原市	千葉	松戸市	千葉	吉川市	埼玉	館山市	千葉
品川区	東京	佐倉市	千葉	野田市	千葉	ふじみ野市	埼玉	山武市	千葉
目黒区	東京	柏市	千葉	旭市	千葉	小川町	埼玉	酒々井町	千葉
大田区	東京	印西市	千葉	習志野市	千葉	寄居町	埼玉	神崎町	千葉
渋谷区	東京	白井市	千葉	流山市	千葉	杉戸町	埼玉	大網白里町	千葉
立川市	東京	芝山町	千葉	八千代市	千葉	松伏町	埼玉	長南町	千葉
武蔵野市	東京	豊島区	東京	富津市	千葉	銚子市	千葉	葛飾区	東京
三鷹市	東京	板橋区	東京	富里市	千葉	東金市	千葉	あきる野市	東京
府中市	東京	昭島市	東京	世田谷区	東京	我孫子市	千葉	青ヶ島村	東京
羽村市	東京	調布市	東京	中野区	東京	鎌ケ谷市	千葉	二宮町	神奈川
瑞穂町	東京	小平市	東京	八王子市	東京	四街道市	千葉	湯河原町	神奈川
平塚市	神奈川	日野市	東京	青梅市	東京	八街市	千葉	新発田市	新潟
鎌倉市	神奈川	国立市	東京	町田市	東京	栄町	千葉	小千谷市	新潟
厚木市	神奈川	多摩市	東京	小金井市	東京	多古町	千葉	見附市	新潟
伊勢原市	神奈川	横浜市	神奈川	国分寺市	東京	長生村	千葉	妙高市	新潟
寒川町	神奈川	川崎市	神奈川	狛江市	東京	長柄町	千葉	弥彦村	新潟
中井町	神奈川	相模原市	神奈川	東大和市	東京	杉並区	東京	小矢部市	富山
聖籠町	新潟	藤沢市	神奈川	清瀬市	東京	北区	東京	南砺市	富山
金沢市	石川	小田原市	神奈川	稲城市	東京	荒川区	東京	舟橋村	富山
川北町	石川	秦野市	神奈川	横須賀市	神奈川	練馬区	東京	上市町	富山
内灘町	石川	大和市	神奈川	茅ヶ崎市	神奈川	足立区	東京	入善町	富山
永平寺町	福井	海老名市	神奈川	座間市	神奈川	江戸川区	東京	加賀市	石川
中央市	山梨	南足柄市	神奈川	葉山町	神奈川	東村山市	東京	羽咋市	石川
昭和町	山梨	綾瀬市	神奈川	大磯町	神奈川	福生市	東京	かほく市	石川
忍野村	山梨	大井町	神奈川	箱根町	神奈川	東久留米市	東京	津幡町	石川
松本市	長野	松田町	神奈川	清川村	神奈川	武蔵村山市	東京	宝達志水町	石川
美濃加茂市	岐阜	開成町	神奈川	三条市	新潟	西東京市	東京	小浜市	福井
岐南町	岐阜	愛川町	神奈川	燕市	新潟	日の出町	東京	高浜町	福井
富士市	静岡	新潟市	新潟	湯沢町	新潟	逗子市	神奈川	富士吉田市	山梨
磐田市	静岡	富山市	富山	刈羽村	新潟	山北町	神奈川	都留市	山梨
掛川市	静岡	砺波市	富山	高岡市	富山	長岡市	新潟	山梨市	山梨
裾野市	静岡	野々市町	石川	滑川市	富山	柏崎市	新潟	大月市	山梨
湖西市	静岡	福井市	福井	黒部市	富山	上越市	新潟	北杜市	山梨
牧之原市	静岡	敦賀市	福井	射水市	富山	魚津市	富山	甲斐市	山梨
清水町	静岡	甲府市	山梨	小松市	石川	七尾市	石川	笛吹市	山梨
長泉町	静岡	韮崎市	山梨	白山市	石川	志賀町	石川	上野原市	山梨
吉田町	静岡	山中湖村	山梨	能美市	石川	勝山市	福井	須坂市	長野
名古屋市	愛知	鳴沢村	山梨	越前市	福井	鯖江市	福井	中野市	長野
豊橋市	愛知	諏訪市	長野	富士河口湖町	山梨	あわら市	福井	千曲市	長野
岡崎市	愛知	塩尻市	長野	長野市	長野	坂井市	福井	東御市	長野
半田市	愛知	安曇野市	長野	岡谷市	長野	南アルプス市	山梨	下諏訪町	長野

附表 155

第6分位		第7分位		第8分位		第9分位		第10分位	
伊達市	福島	川俣町	福島	南三陸町	宮城	七戸町	青森	蓬田村	青森
桑折町	福島	檜枝岐村	福島	男鹿市	秋田	東北町	青森	外ヶ浜町	青森
浪江町	福島	猪苗代町	福島	鹿角市	秋田	大間町	青森	鰺ヶ沢町	青森
潮来市	茨城	会津坂下町	福島	潟上市	秋田	五戸町	青森	深浦町	青森
常陸大宮市	茨城	中島村	福島	北秋田市	秋田	田子町	青森	西目屋村	青森
桜川市	茨城	矢祭町	福島	仙北市	秋田	南部町	青森	大鰐町	青森
行方市	茨城	石川町	福島	井川町	秋田	遠野市	岩手	中泊町	青森
八千代町	茨城	浅川町	福島	村山市	山形	葛巻町	岩手	風間浦村	青森
益子町	栃木	三春町	福島	尾花沢市	山形	西和賀町	岩手	佐井村	青森
榛東村	群馬	常陸太田市	茨城	山辺町	山形	藤沢町	岩手	新郷村	青森
長野原町	群馬	鉾田市	茨城	中山町	山形	住田町	岩手	岩泉町	岩手
東吾妻町	群馬	利根町	茨城	大江町	山形	大槌町	岩手	田野畑村	岩手
越生町	埼玉	那須烏山市	栃木	小国町	山形	山田町	岩手	普代村	岩手
鳩山町	埼玉	塩谷町	栃木	白鷹町	山形	軽米町	岩手	野田村	岩手
ときがわ町	埼玉	那珂川町	栃木	庄内町	山形	九戸村	岩手	洋野町	岩手
横瀬町	埼玉	甘楽町	群馬	田村市	福島	七ヶ宿町	宮城	上小阿仁村	秋田
皆野町	埼玉	中之条町	群馬	大玉村	福島	五城目町	秋田	藤里町	秋田
宮代町	埼玉	高山村	群馬	下郷町	福島	美郷町	秋田	三種町	秋田
勝浦市	千葉	みなかみ町	群馬	南会津町	福島	羽後町	秋田	八峰町	秋田
匝瑳市	千葉	長瀞町	埼玉	湯川村	福島	西川町	山形	東成瀬村	秋田
香取市	千葉	小鹿野町	埼玉	塙町	福島	朝日町	山形	金山町	山形
横芝光町	千葉	いすみ市	千葉	小野町	福島	大石田町	山形	舟形町	山形
一宮町	千葉	東庄町	千葉	城里町	茨城	最上町	山形	大蔵村	山形
大多喜町	千葉	九十九里町	千葉	大子町	茨城	真室川町	山形	鮭川村	山形
利島村	東京	白子町	千葉	河内町	茨城	飯豊町	山形	戸沢村	山形
御蔵島村	東京	真鶴町	神奈川	茂木町	栃木	遊佐町	山形	北塩原村	福島
小笠原村	東京	十日町市	新潟	下仁田町	群馬	天栄村	福島	西会津町	福島
三浦市	神奈川	村上市	新潟	嬬恋村	群馬	只見町	福島	柳津町	福島
加茂市	新潟	五泉市	新潟	川場村	群馬	三島町	福島	金山町	福島
糸魚川市	新潟	阿賀野市	新潟	睦沢町	千葉	会津美里町	福島	昭和村	福島
南魚沼市	新潟	魚沼市	新潟	御宿町	千葉	平田村	福島	鮫川村	福島
胎内市	新潟	田上町	新潟	大島町	東京	古殿町	福島	川内村	福島
氷見市	富山	朝日町	富山	神津島村	東京	片品村	群馬	葛尾村	福島
立山町	富山	穴水町	石川	八丈町	東京	南房総市	千葉	飯舘村	福島
おおい町	福井	大野市	福井	佐渡市	新潟	鋸南町	千葉	神流町	群馬
若狭町	福井	美浜町	福井	珠洲市	石川	奥多摩町	東京	南牧村	群馬
富士川町	山梨	甲州市	山梨	中能登町	石川	新島村	東京	東秩父村	埼玉
大町市	長野	市川三郷町	山梨	南越前町	福井	三宅村	東京	檜原村	東京
飯山市	長野	西桂町	山梨	越前町	福井	出雲崎町	新潟	阿賀町	新潟
南相木村	長野	小海町	長野	身延町	山梨	津南町	新潟	粟島浦村	新潟
飯島町	長野	原村	長野	南部町	山梨	関川村	新潟	池田町	福井
高森町	長野	松川町	長野	南牧村	長野	輪島市	石川	早川町	山梨
大桑村	長野	木曽町	長野	立科町	長野	能登町	石川	小菅村	山梨
山形村	長野	朝日村	長野	長和町	長野	道志村	山梨	丹波山村	山梨
小布施町	長野	松川村	長野	下條村	長野	川上村	長野	北相木村	長野

(附表つづき・4-3)

第1分位		第2分位		第3分位		第4分位		第5分位	
碧南市	愛知	軽井沢町	長野	駒ヶ根市	長野	上田市	長野	高山市	岐阜
刈谷市	愛知	南箕輪村	長野	茅野市	長野	飯田市	長野	中津川市	岐阜
豊田市	愛知	岐阜市	岐阜	富士見町	長野	小諸市	長野	瑞浪市	岐阜
安城市	愛知	大垣市	岐阜	箕輪町	長野	伊那市	長野	恵那市	岐阜
西尾市	愛知	各務原市	岐阜	坂城町	長野	佐久市	長野	海津市	岐阜
小牧市	愛知	可児市	岐阜	多治見市	岐阜	御代田町	長野	大野町	岐阜
東海市	愛知	笠松町	岐阜	関ヶ原町	岐阜	辰野町	長野	池田町	岐阜
大府市	愛知	安八町	岐阜	神戸町	岐阜	宮田村	長野	富加町	岐阜
知多市	愛知	静岡市	静岡	輪之内町	岐阜	池田町	長野	川辺町	岐阜
高浜市	愛知	浜松市	静岡	三島市	静岡	関市	岐阜	一色町	愛知
豊明市	愛知	沼津市	静岡	島田市	静岡	美濃市	岐阜	幡豆町	愛知
日進市	愛知	熱海市	静岡	藤枝市	静岡	羽島市	岐阜	明和町	三重
田原市	愛知	富士宮市	静岡	菊川市	静岡	土岐市	岐阜	甲良町	滋賀
弥富市	愛知	焼津市	静岡	一宮市	愛知	瑞穂市	岐阜	綾部市	京都
みよし市	愛知	御殿場市	静岡	蒲郡市	愛知	本巣市	岐阜	亀岡市	京都
長久手町	愛知	袋井市	静岡	大治町	愛知	養老町	岐阜	城陽市	京都
豊山町	愛知	御前崎市	静岡	蟹江町	愛知	垂井町	岐阜	向日市	京都
大口町	愛知	伊豆の国市	静岡	阿久比町	愛知	北方町	岐阜	寝屋川市	大阪
飛島村	愛知	小山町	静岡	美浜町	愛知	坂祝町	岐阜	松原市	大阪
武豊町	愛知	瀬戸市	愛知	吉良町	愛知	御嵩町	岐阜	羽曳野市	大阪
幸田町	愛知	春日井市	愛知	伊勢市	三重	伊東市	静岡	四條畷市	大阪
四日市市	三重	豊川市	愛知	松阪市	三重	函南町	静岡	交野市	大阪
鈴鹿市	三重	犬山市	愛知	名張市	三重	森町	静岡	豊岡市	兵庫
亀山市	三重	常滑市	愛知	木曽岬町	三重	津島市	愛知	丹波市	兵庫
いなべ市	三重	稲沢市	愛知	菰野町	三重	江南市	愛知	朝来市	兵庫
朝日町	三重	知立市	愛知	玉城町	三重	新城市	愛知	大和高田市	奈良
川越町	三重	尾張旭市	愛知	長浜市	滋賀	岩倉市	愛知	桜井市	奈良
多気町	三重	清須市	愛知	近江八幡市	滋賀	あま市	愛知	御所市	奈良
草津市	滋賀	北名古屋市	愛知	東近江市	滋賀	扶桑町	愛知	王寺町	奈良
守山市	滋賀	東郷町	愛知	豊郷町	滋賀	福知山市	京都	河合町	奈良
栗東市	滋賀	東浦町	愛知	宇治市	京都	舞鶴市	京都	大淀町	奈良
甲賀市	滋賀	津市	三重	京田辺市	京都	八幡市	京都	橋本市	和歌山
湖南市	滋賀	桑名市	三重	宇治田原町	京都	南丹市	京都	田辺市	和歌山
日野町	滋賀	伊賀市	三重	精華町	京都	木津川市	京都	新宮市	和歌山
竜王町	滋賀	東員町	三重	泉大津市	大阪	岸和田市	大阪	紀の川市	和歌山
多賀町	滋賀	大津市	滋賀	高槻市	大阪	富田林市	大阪	安来市	島根
大山崎町	京都	彦根市	滋賀	貝塚市	大阪	河内長野市	大阪	東出雲町	島根
久御山町	京都	野洲市	滋賀	枚方市	大阪	藤井寺市	大阪	瀬戸内市	岡山
大阪市	大阪	米原市	滋賀	大東市	大阪	泉南市	大阪	矢掛町	岡山
吹田市	大阪	愛荘町	滋賀	和泉市	大阪	島本町	大阪	三次市	広島
大阪狭山市	大阪	京都市	京都	柏原市	大阪	熊取町	大阪	北広島町	広島
田尻町	大阪	長岡京市	京都	忠岡町	大阪	洲本市	兵庫	大崎上島町	広島
高砂市	兵庫	堺市	大阪	尼崎市	兵庫	相生市	兵庫	平生町	山口
三田市	兵庫	豊中市	大阪	明石市	兵庫	西脇市	兵庫	石井町	徳島
加東市	兵庫	池田市	大阪	芦屋市	兵庫	宝塚市	兵庫	東かがわ市	香川

附　表　157

第6分位		第7分位		第8分位		第9分位		第10分位	
信濃町	長野	白馬村	長野	豊丘村	長野	佐久穂町	長野	平谷村	長野
山県市	岐阜	飛騨市	岐阜	上松町	長野	青木村	長野	根羽村	長野
下呂市	岐阜	郡上市	岐阜	木祖村	長野	中川村	長野	売木村	長野
揖斐川町	岐阜	東伊豆町	静岡	高山村	長野	阿南町	長野	天龍村	長野
八百津町	岐阜	河津町	静岡	山ノ内町	長野	阿智村	長野	泰阜村	長野
下田市	静岡	南伊豆町	静岡	飯綱町	長野	喬木村	長野	大鹿村	長野
伊豆市	静岡	鳥羽市	三重	七宗町	岐阜	南木曽町	長野	王滝村	長野
愛西市	愛知	志摩市	三重	白川村	岐阜	木島平村	長野	麻績村	長野
南知多町	愛知	紀宝町	三重	西伊豆町	静岡	野沢温泉村	長野	生坂村	長野
尾鷲市	三重	宮津市	京都	川根本町	静岡	白川町	岐阜	筑北村	長野
御浜町	三重	京丹後市	京都	熊野市	三重	東白川村	岐阜	小谷村	長野
高島市	滋賀	能勢町	大阪	大台町	三重	松崎町	静岡	小川村	長野
井手町	京都	岬町	大阪	紀北町	三重	設楽町	愛知	栄村	長野
与謝野町	京都	千早赤阪村	大阪	京丹波町	京都	東栄町	愛知	豊根村	愛知
阪南市	大阪	養父市	兵庫	佐用町	兵庫	度会町	三重	南伊勢町	三重
豊能町	大阪	淡路市	兵庫	香美町	兵庫	大紀町	三重	伊根町	京都
太子町	大阪	宍粟市	兵庫	新温泉町	兵庫	笠置町	京都	曽爾村	奈良
河南町	大阪	多可町	兵庫	宇陀市	奈良	和束町	京都	御杖村	奈良
南あわじ市	兵庫	市川町	兵庫	三宅町	奈良	南山城村	京都	黒滝村	奈良
神河町	兵庫	山添村	奈良	吉野町	奈良	明日香村	奈良	天川村	奈良
上郡町	兵庫	下市町	奈良	紀美野町	和歌山	上北山村	奈良	野迫川村	奈良
五條市	奈良	かつらぎ町	和歌山	日高町	和歌山	東吉野村	奈良	十津川村	奈良
平群町	奈良	湯浅町	和歌山	印南町	和歌山	九度山町	和歌山	下北山村	奈良
斑鳩町	奈良	有田川町	和歌山	日高川町	和歌山	高野町	和歌山	川上村	奈良
安堵町	奈良	美浜町	和歌山	串本町	和歌山	広川町	和歌山	古座川町	和歌山
高取町	奈良	みなべ町	和歌山	岩美町	鳥取	すさみ町	和歌山	北山村	和歌山
上牧町	奈良	白浜町	和歌山	北栄町	鳥取	太地町	和歌山	若桜町	鳥取
由良町	和歌山	那智勝浦町	和歌山	大山町	鳥取	智頭町	鳥取	日南町	鳥取
上富田町	和歌山	三朝町	鳥取	南部町	鳥取	八頭町	鳥取	美郷町	島根
浜田市	島根	琴浦町	鳥取	伯耆町	鳥取	湯梨浜町	鳥取	海士町	島根
益田市	島根	大田市	島根	日野町	鳥取	奥出雲町	島根	西ノ島町	島根
井原市	岡山	江津市	島根	江府町	鳥取	飯南町	島根	知夫村	島根
高梁市	岡山	雲南市	島根	吉賀町	島根	川本町	島根	西粟倉村	岡山
赤磐市	岡山	新見市	岡山	美作市	岡山	邑南町	島根	神石高原町	広島
鏡野町	岡山	真庭市	岡山	新庄村	岡山	津和野町	島根	上関町	山口
奈義町	岡山	浅口市	岡山	江田島市	広島	隠岐の島町	島根	阿武町	山口
安芸高田市	広島	和気町	岡山	安芸太田町	広島	久米南町	岡山	上勝町	徳島
熊野町	広島	吉備中央町	岡山	世羅町	広島	美咲町	岡山	佐那河内村	徳島
美祢市	山口	庄原市	広島	三好市	徳島	周防大島町	山口	神山町	徳島
田布施町	山口	萩市	山口	勝浦町	徳島	美波町	徳島	松野町	愛媛
吉野川市	徳島	長門市	山口	那賀町	徳島	海陽町	徳島	東洋町	高知
つるぎ町	徳島	阿波市	徳島	牟岐町	徳島	西予市	愛媛	安田町	高知
さぬき市	香川	美馬市	徳島	東みよし町	徳島	久万高原町	愛媛	北川村	高知
三豊市	香川	上板町	徳島	まんのう町	香川	内子町	愛媛	大豊町	高知
小豆島町	香川	土庄町	香川	伊方町	愛媛	愛南町	愛媛	大川村	高知

(附表つづき・4-4)

第1分位		第2分位		第3分位		第4分位		第5分位	
福崎町	兵庫	守口市	大阪	三木市	兵庫	川西市	兵庫	宇和島市	愛媛
大和郡山市	奈良	茨木市	大阪	小野市	兵庫	加西市	兵庫	伊予市	愛媛
橿原市	奈良	八尾市	大阪	篠山市	兵庫	たつの市	兵庫	砥部町	愛媛
和歌山市	和歌山	泉佐野市	大阪	猪名川町	兵庫	香芝市	奈良	宿毛市	高知
有田市	和歌山	箕面市	大阪	太子町	兵庫	三郷町	奈良	田川市	福岡
倉敷市	岡山	門真市	大阪	奈良市	奈良	田原本町	奈良	豊前市	福岡
早島町	岡山	摂津市	大阪	天理市	奈良	広陵町	奈良	宗像市	福岡
里庄町	岡山	高石市	大阪	生駒市	奈良	岩出市	和歌山	太宰府市	福岡
勝央町	岡山	東大阪市	大阪	葛城市	奈良	鳥取市	鳥取	福津市	福岡
広島市	広島	神戸市	兵庫	川西町	奈良	倉吉市	鳥取	糸島市	福岡
大竹市	広島	姫路市	兵庫	海南市	和歌山	境港市	鳥取	宇美町	福岡
東広島市	広島	西宮市	兵庫	御坊市	和歌山	松江市	島根	篠栗町	福岡
府中町	広島	伊丹市	兵庫	日吉津村	鳥取	津山市	岡山	須恵町	福岡
坂町	広島	加古川市	兵庫	出雲市	島根	笠岡市	岡山	水巻町	福岡
宇部市	山口	赤穂市	兵庫	玉野市	岡山	総社市	岡山	鞍手町	福岡
防府市	山口	稲美町	兵庫	呉市	広島	備前市	岡山	広川町	福岡
周南市	山口	播磨町	兵庫	三原市	広島	竹原市	広島	吉富町	福岡
山口小野田市	山口	米子市	鳥取	尾道市	広島	府中市	広島	鹿島市	佐賀
和木町	山口	斐川町	島根	廿日市市	広島	下関市	山口	嬉野市	佐賀
徳島市	徳島	岡山市	岡山	山口市	山口	岩国市	山口	玄海町	佐賀
松茂町	徳島	福山市	広島	小松島市	徳島	柳井市	山口	大町町	佐賀
高松市	香川	海田町	広島	阿南市	徳島	鳴門市	徳島	江北町	佐賀
坂出市	香川	下松市	山口	北島町	徳島	善通寺市	香川	佐世保市	長崎
三木町	香川	光市	山口	藍住町	徳島	綾川町	香川	長与町	長崎
直島町	香川	宇多津町	香川	板野町	徳島	松前町	愛媛	川棚町	長崎
四国中央市	愛媛	多度津町	香川	丸亀市	香川	大牟田市	福岡	八代市	熊本
東温市	愛媛	今治市	愛媛	観音寺市	香川	直方市	福岡	人吉市	熊本
南国市	高知	新居浜市	愛媛	松山市	愛媛	飯塚市	福岡	菊池市	熊本
福岡市	福岡	西条市	愛媛	高知市	高知	筑後市	福岡	和水町	熊本
筑紫野市	福岡	久留米市	福岡	北九州市	福岡	大川市	福岡	苓北町	熊本
宮若市	福岡	古賀市	福岡	春日市	福岡	行橋市	福岡	都城市	宮崎
新宮町	福岡	志免町	福岡	大野城市	福岡	小郡市	福岡	延岡市	宮崎
苅田町	福岡	久山町	福岡	朝倉市	福岡	那珂川町	福岡	日向市	宮崎
鳥栖市	佐賀	粕屋町	福岡	伊万里市	佐賀	遠賀町	福岡	鹿屋市	鹿児島
吉野ヶ里町	佐賀	佐賀市	佐賀	基山町	佐賀	水俣市	熊本	枕崎市	鹿児島
大津町	熊本	上峰町	佐賀	長崎市	長崎	益城町	熊本	薩摩川内市	鹿児島
菊陽町	熊本	時津町	長崎	諫早市	長崎	別府市	大分	霧島市	鹿児島
嘉島町	熊本	熊本市	熊本	大村市	長崎	国東市	大分	志布志市	鹿児島
大分市	大分	長洲町	熊本	合志市	熊本	日出町	大分	姶良市	鹿児島
由布市	大分	木城町	宮崎	中津市	大分	那覇市	沖縄	宜野湾市	沖縄
西原町	沖縄	鹿児島市	鹿児島	宮崎市	宮崎	沖縄市	沖縄	名護市	沖縄
南風原町	沖縄	浦添市	沖縄	豊見城市	沖縄	中城村	沖縄	北谷町	沖縄

附表 159

第6分位		第7分位		第8分位		第9分位		第10分位	
琴平町	香川	安芸市	高知	鬼北町	愛媛	室戸市	高知	仁淀川町	高知
八幡浜市	愛媛	土佐市	高知	香美市	高知	土佐清水市	高知	中土佐町	高知
大洲市	愛媛	四万十市	高知	奈半利町	高知	本山町	高知	津野町	高知
上島町	愛媛	いの町	高知	田野町	高知	土佐町	高知	大月町	高知
須崎市	高知	佐川町	高知	馬路村	高知	檮原町	高知	三原村	高知
香南市	高知	中間市	福岡	芸西村	高知	日高村	高知	黒潮町	高知
柳川市	福岡	うきは市	福岡	越知町	高知	四万十町	高知	東峰村	福岡
八女市	福岡	みやま市	福岡	嘉麻市	福岡	香春町	福岡	添田町	福岡
岡垣町	福岡	桂川町	福岡	芦屋町	福岡	糸田町	福岡	赤村	福岡
筑前町	福岡	大刀洗町	福岡	小竹町	福岡	川崎町	福岡	小値賀町	長崎
大木町	福岡	みやこ町	福岡	福智町	福岡	大任町	福岡	産山村	熊本
唐津市	佐賀	有田町	佐賀	上毛町	福岡	築上町	福岡	津奈木町	熊本
多久市	佐賀	白石町	佐賀	対馬市	長崎	太良町	佐賀	湯前町	熊本
武雄市	佐賀	波佐見町	長崎	壱岐市	長崎	平戸市	長崎	水上村	熊本
小城市	佐賀	山鹿市	熊本	五島市	長崎	南島原市	長崎	相良村	熊本
神埼市	佐賀	阿蘇市	熊本	雲仙市	長崎	新上五島町	長崎	五木村	熊本
みやき町	佐賀	天草市	熊本	東彼杵町	長崎	美里町	熊本	山江村	熊本
島原市	長崎	南関町	熊本	上天草市	熊本	玉東町	熊本	球磨村	熊本
松浦市	長崎	御船町	熊本	甲佐町	熊本	南小国町	熊本	姫島村	大分
西海市	長崎	多良木町	熊本	芦北町	熊本	小国町	熊本	西米良村	宮崎
佐々町	長崎	佐伯市	大分	豊後大野市	大分	高森町	熊本	諸塚村	宮崎
荒尾市	熊本	豊後高田市	大分	玖珠町	大分	南阿蘇村	熊本	椎葉村	宮崎
玉名市	熊本	杵築市	大分	串間市	宮崎	山都町	熊本	美郷町	宮崎
宇土市	熊本	小林市	宮崎	西都市	宮崎	氷川町	熊本	日之影町	宮崎
宇城市	熊本	えびの市	宮崎	綾町	宮崎	あさぎり町	熊本	三島村	鹿児島
西原村	熊本	三股町	宮崎	都農町	宮崎	竹田市	大分	十島村	鹿児島
錦町	熊本	国富町	宮崎	高千穂町	宮崎	九重町	大分	南大隅町	鹿児島
日田市	大分	新富町	宮崎	西之表市	鹿児島	高原町	宮崎	大和村	鹿児島
臼杵市	大分	門川町	宮崎	南九州市	鹿児島	五ケ瀬町	宮崎	宇検村	鹿児島
津久見市	大分	阿久根市	鹿児島	湧水町	鹿児島	長島町	鹿児島	天城町	鹿児島
宇佐市	大分	指宿市	鹿児島	大崎町	鹿児島	錦江町	鹿児島	伊仙町	鹿児島
日南市	宮崎	垂水市	鹿児島	屋久島町	鹿児島	肝付町	鹿児島	与論町	鹿児島
高鍋町	宮崎	曽於市	鹿児島	徳之島町	鹿児島	中種子町	鹿児島	国頭村	沖縄
川南町	宮崎	南さつま市	鹿児島	和泊町	鹿児島	南種子町	鹿児島	大宜味村	沖縄
出水市	鹿児島	奄美市	鹿児島	南城市	沖縄	瀬戸内町	鹿児島	今帰仁村	沖縄
日置市	鹿児島	さつま町	鹿児島	本部町	沖縄	龍郷町	鹿児島	伊江村	沖縄
いちき串木野市	鹿児島	東串良町	鹿児島	恩納村	沖縄	喜界町	鹿児島	粟国村	沖縄
伊佐市	鹿児島	宮古島市	沖縄	金武町	沖縄	知名町	鹿児島	渡名喜村	沖縄
石垣市	沖縄	読谷村	沖縄	座間味村	沖縄	東村	沖縄	伊平屋村	沖縄
糸満市	沖縄	嘉手納町	沖縄	南大東村	沖縄	宜野座村	沖縄	伊是名村	沖縄
うるま市	沖縄	八重瀬町	沖縄	北大東村	沖縄	渡嘉敷村	沖縄	多良間村	沖縄
北中城村	沖縄			竹富町	沖縄	久米島町	沖縄	与那国町	沖縄
与那原町	沖縄								

あとがき

　多くの書物のあとがきには、出版社や担当編集者などへの謝辞が記されている。この書もその例に漏れず、きびしい出版事情にもかかわらず、この書物を世に出してくださる東信堂と下田社長に心からの感謝を申しあげる。この書の場合は、しかし、通常の謝辞とは違った意味での感謝の言葉が必要になる。この書の企画そのものが、下田社長の「挑発」から出発したものだからである。

　75歳で大学を退職した後、手許にあった材料を加工しようという動機から取り組んでまとめたのが、前著『現代日本の地域分化 —— センサス等の市町村別集計に見る地域変動のダイナミックス』(2012年7月　東信堂) であった。サブタイトルに示したように、国勢調査や農業センサスの市町村別集計を再整理したものであったが、もともと手許にあった材料の消化という不純な動機が出発点でもあり、単発の仕事のつもりで原稿をまとめ、2010年の秋ごろに下田社長に届けた。東信堂は当時も多くの出版の準備に忙しく、私の原稿の順番はなかなか回ってこなかったようであった。2012年の春になって、校正が出来たから会いたいという連絡があり、下田社長と巣鴨駅近くの喫茶店で待ち合わせた。漢字と仮名の統一や、いくつかの言い回しについて細かな話があった後、下田社長は「地震のことが出てこないんですね。」という、全く思いがけない話を持ち出した。ここで取り上げたのは2005年のセンサスで、東日本大震災よりも前に原稿は書きあがっていたのだから、地震に触れていないのは当たり前だと、間の抜けた返事をしたところ、「それはそうだけれども、今出版するとなると全く地震に触れないというわけにはいかな

い。」と、出版社としては当然の判断が返ってきた。私は困惑して、「そういわれても、いまさら新しい資料を集めて中身を書き直すということはできない。」というと社長は、「中身はこのままでいいんです。ただ、地震のことに触れた"はしがき"をつけてください。」というので、その日は校正を受け取って帰宅した。

　これは困ったことになったと思った。2005年の状況を書いたものに、2011年に起こった大きな地震のことを書いた「はしがき」を書くとすると何を書けばよいのか。素直に書くと、ここにまとめた内容は地震によって大きく変わってしまった、すでに失われたものである。という趣旨になるが、そんな「はしがき」がついていたら、この本は読むなというようなものであろう。とてもそんなことを書くわけにはいかない。いろいろと考えた末にたどり着いたのが、大風呂敷を広げた壮大な研究計画である。

　2015年に行われるであろう国勢調査その他の統計調査の結果を、2010年の調査結果と比較すれば、地震の結果どれだけの変化が起き、どれだけ復興し、あるいは新しい状況が生まれたかを明らかにすることができるであろう。そのためには、2010年の統計調査の整理をしなければならない。市町村別の集計に基づいて分析をすることは、前例の乏しいことであるから、2010年と2015年との本格的な分析のための準備作業が必要であり、2005年の統計調査を使ってその準備作業を試みたのが、この書物であるという趣旨の「はしがき」をつけることにした。こうして前著は2012年の夏に刊行された。

　いずれにせよ突如として、5年間隔の3部作の構想を示すことになってしまったわけである。統計調査の結果が、利用できるようになるのには調査の後2～3年程度の時間がかかる上に、私自身の高齢化のために細かな作業に余計時間がかかるようになって、震災直前の状況を捉えておく2010年の統計調査に基づく本書の原稿がまとまったのは2015年の秋になってしまった。本書は、このような経緯で取り組むことになったものであり、下田社長の示唆によって取り組むことになった産物である。通常の謝意を超えた心からの感謝を記すのは、こうした経緯によるところである。

　こうした経緯ではあったが、本書は前著に示した構想に従って、震災直前

の日本社会の状況を取りまとめることとした。どこまで成果をあげたかは、読者の判断に委ねるところである。構想では、この後、2015年に行われた統計調査等によって、3.11以後の状況をとらえる作業に向かわなければならないわけである。しかし今、その作業を考えると暗い気持ちにならざるを得ない。何よりも、5年を経た被災地の復興が、あまりにも遅れている。いまだに不自由な生活を余儀なくされ、生業に戻ることが出来ず、故郷に帰ることさえ許されない、多くの人々がある。そうした状況を、これまでの手法でどれだけ明らかに出来るであろうか。また、明らかにし得たとしてそれが何になるであろうか。また、この10年ほどの間に、情報処理の分野の進展は著しいものがあり、どこかの巨大なコンピュータにビッグデータといわれる膨大な情報が蓄積され、それを操作することで細部にわたる詳細な現状分析が可能になっているという。私のような小さいパソコンで限られたデータをいじるのは、これからも意味があるのだろうか。ベランダのプランターで野菜が収穫できたといって喜んでいる趣味の土いじりのようなものではないのか。意気の上がらないのは高齢による老化現象も加わってのことかもしれない。

　2015年に実施された統計調査の結果がまとまって公表が進むには、もう少し時間がある。大風呂敷の構想に忠実に、3度目の分析に取り組むかどうか。まもなく判断しなければならない。

2016年8月　　　　　　　　　　　　　　　　　　　　　蓮見　音彦

著者紹介

蓮見　音彦（はすみ　おとひこ）
1933年東京に生まれる
東京大学文学部社会学科卒業　東京大学大学院社会科学研究科修了
東京女子大学専任講師・助教授、東京学芸大学助教授・教授、東京大学文学部教授、
東京学芸大学長、和洋女子大学人文学部教授・学長を経て、東京学芸大学名誉教授、
和洋女子大学名誉教授
農村社会学、地域社会学

【主要著書】『農村社会と構造政策』（共著、東京大学出版会、1968年）、『日本農村の展開過程』（福村出版、1969年）、『現代農村の社会理論』（時潮社、1970年）、『社会学講座4農村社会学』（編著、東京大学出版会、1973年）、『企業進出と地域社会』（共編著、東京大学出版会、1979年）、『奄美農村の構造と変動』（共編著、御茶の水書房、1981年）、『地方自治体と市民生活』（編著、東京大学出版会、1983年）、『都市政策と地域形成』（共編著、東京大学出版会、1990年）、『苦悩する農村』（有信堂高文社、1990年）、『ライブラリ社会学3地域社会学』（編著、サイエンス社、1991年）、『農村社会の変貌と農民意識』（共編著、東京大学出版会、1992年）、『都市政策と市民生活』（共編著、東京大学出版会、1993年）、『沖縄の都市と農村』（共編著、東京大学出版会、1995年）、『現代都市と地域形成』（共編著、東京大学出版会、1997年）、『講座社会学3村落と都市』（編著、東京大学出版会、2007年）、『福武直』〈シリーズ世界の社会学・日本の社会学〉（東信堂、2008年）、『現代日本の地域分化』（東信堂、2012年）。

現代日本の地域格差　── 2010年・全国の市町村の経済的・社会的ちらばり ──

2016年11月30日　初　版第1刷発行　　　　　〔検印省略〕
　　　　　　　　　　　　　　　　　　　　定価はカバーに表示してあります。

著　者 ⓒ蓮見音彦／発行者　下田勝司　　　　印刷・製本／中央精版印刷

東京都文京区向丘1-20-6　郵便振替 00110-6-37828　　　発　行　所
〒113-0023　TEL (03) 3818-5521　FAX (03) 3818-5514　　株式会社 東信堂

Published by TOSHINDO PUBLISHING CO., LTD.
1-20-6, Mukougaoka, Bunkyo-ku, Tokyo, 113-0023, Japan
E-mail: tk203444@fsinet.or.jp　http://www.toshindo-pub.com

ISBN978-4-7989-1391-9 C3036　　ⓒ Otohiko HASUMI

東信堂

日本コミュニティ政策の検証——自治体内分権と地域自治へ向けて〈コミュニティ政策叢書1〉	山崎仁朗編著	四六〇〇円
高齢者退職後生活の質的創造——アメリカ地域コミュニティの事例〈コミュニティ政策叢書2〉	加藤泰子	三七〇〇円
豊田とトヨタ——産業グローバル化先進地域の現在	丹辺宣彦・山口博史・岡村徹也編著	四六〇〇円
社会階層と集団形成の変容——集合行為と「物象化」のメカニズム	丹辺宣彦	六五〇〇円
「むつ小川原開発・核燃料サイクル施設問題」研究資料集	舩橋晴俊・金山行孝・茅野恒秀編著	一八〇〇〇円
現代日本の地域格差——二〇一〇年：全国の市町村の経済的・社会的ちらばり	蓮見音彦	二三〇〇円
現代日本の地域分化——センサス等の市町村別集計に見る地域変動のダイナミックス	蓮見音彦	三八〇〇円
地域社会学研究と社会学者群像——社会学としての闘争論の伝統	橋本和孝	五九〇〇円
〔アーバン・ソーシャル・プランニングを考える・全2巻〕	橋本和孝・藤田弘夫・吉原直樹編著	
都市社会計画の思想と展開	橋本和孝・藤田弘夫・吉原直樹編著	二三〇〇円
世界の都市社会計画——グローバル時代の都市社会計画	橋本和孝・藤田弘夫・吉原直樹編著	二三〇〇円
〔現代社会学叢書より〕		
現代大都市社会論——分極化する都市？	園部雅久	三八〇〇円
インナーシティのコミュニティ形成——神戸市真野住民のまちづくり	今野裕昭	五四〇〇円
〔地域社会学講座 全3巻〕		
地域社会学の視座と方法	似田貝香門監修	二五〇〇円
グローバリゼーション/ポスト・モダンと地域社会	古城利明監修	二五〇〇円
地域社会の政策とガバナンス	矢澤澄子・岩崎信彦監修	二七〇〇円
〔シリーズ防災を考える・全6巻〕		
防災の社会学〔第二版〕——防災コミュニティの社会設計へ向けて	吉原直樹編	三八〇〇円
防災の心理学——ほんとうの安心とは何か	仁平義明編	三二〇〇円
防災の法と仕組み	生田長人編	三二〇〇円
防災教育の展開	今村文彦編	三二〇〇円
防災と都市・地域計画	増田聡編	続刊
防災の歴史と文化	平川新編	続刊

〒113-0023 東京都文京区向丘1-20-6
TEL 03-3818-5521 FAX03-3818-5514 振替00110-6-37828
Email tk203444@fsinet.or.jp URL:http://www.toshindo-pub.com/

※定価：表示価格（本体）＋税